# LA CHINE APRÈS LA GUERRE

PAR

HSU SHIH-CHANG

*Président de la République de Chine*



A. PEDONE, Éditeur
13, rue Soufflot, PARIS.
1922

# LA CHINE APRÈS LA GUERRE

# LA CHINE APRÈS LA GUERRE

PAR

HSU SHIH-CHANG

*Président de la République de Chine.*

**A. PEDONE, Editeur**
13, rue Soufflot, PARIS.

# INTRODUCTION

Les événements humains ont un caractère cyclique, dit-on, ce qui revient à dire que l'histoire se répète. Depuis les temps les plus reculés, l'histoire est marquée par des alternances de paix et de guerre, d'ordre et de chaos, de développement et de destruction. Comme au flux de l'océan succède le reflux, de même à des constructions succèdent des destructions, et aux destructions, des constructions. Il semble qu'il y ait un incessant passage d'un état à l'autre, toute paix étant un intermède entre deux guerres, et toute guerre un intermède entre deux paix.

Dans cette chaîne ininterrompue d'alternances, la note dominante, c'est le changement ; changement dans les idées, dans les croyances et dans les conceptions d'idéal ; changement dans les institutions sociales, économiques et politiques. Tous les changements ne constituent évidemment pas des progrès ; certains amènent une amélioration, et d'autres une aggravation. Mais d'une période de destruction et de chaos, le peuple sort toujours animé d'un désir plus vif et d'une volonté plus grande de rechercher les « pourquoi » et les « parce que » du bouleversement, d'étudier ses effets et de découvrir les réformes et les innovations nécessaires à son adaptation aux conditions nouvelles.

La Grande Guerre de 1914-1918 est une preuve de plus à l'appui de cette vérité historique ; elle ne constitue pas une exception à la règle immuable du changement et de l'alternance. Après la guerre vient la paix ; après la destruction, vient la construction. Telle est la succession inévitable des événements. Aujourd'hui, les Etats, — les neutres aussi bien que les belligérants, — se posent naturellement ces questions : quelles ont été les causes essentielles du conflit mondial ? Quels effets a-t-il produits ? Quels besoins a-t-il révélés ? Ou bien, question plus importante encore, l'histoire doit-elle toujours se renouveler et ne pouvons-nous pas lui imprimer un mouvement rectiligne ? En d'autres termes, est-il possible d'empêcher les guerres dans l'avenir ? Si oui, sur quel plan le monde doit-il être reconstruit ?

Ce sont là des questions fondamentales. Une réponse doit leur être donnée, avant qu'il soit possible d'entreprendre avec intelligence l'œuvre de reconstruction. Tant qu'on n'aura pas répandu la lumière sur elle, toute reconstruction nationale et internationale sera une entreprise aveugle et sans but : tel serait un navire qui, sans boussole, se verrait dépourvu de tout moyen de guider sa marche. Le monde doit être réorganisé de telle manière qu'une calamité aussi effroyable ne puisse plus se produire dans l'avenir. Si le moyen d'éviter des conflits futurs n'est pas trouvé, la plus grande leçon que nous ait donnée la Guerre Mondiale aura été stérile. La reconstruction doit permettre au monde de s'émanciper du joug de l'ennemi de la civilisation. Lindsay Rogers disait : « Il y aura paix sans victoire si la construction ne mêne pas à la liberté ; le résultat de la guerre ne sera satisfaisant que si la démocratie est acquise à jamais, pour l'individu et pour la nation ». Bref, c'est en présence de cette tâche que se trouve le monde.

Des différents aspects de la reconstruction nationale, aucun, peut-être, n'est aussi remarquable et aussi vital que l'aspect économique. Quiconque est à même de comprendre la signification de la guerre, se rend compte que la grande crise par laquelle le monde vient de passer était due principalement à la concurrence industrielle effrénée entre les nations. La lutte pour l'expansion commerciale et l'acquisition d'avantages économiques alluma l'incendie mondial. En vérité, si l'on va au fond des choses, on constate qu'à l'origine de tout changement et de tout soulèvement social, c'est le facteur économique qui joue habituellement le rôle le plus important. Le mobile qui, avant tout, fait agir les hommes et les nations, c'est la lutte pour l'existence et la subsistance. Cette lutte est une des conditions du développement du commerce et de la civilisation. Pour se convaincre de la réalité de ce fait, il suffit de lire l'histoire.

Dans les temps anciens, les hommes se livraient au troc, c'est-à-dire à l'échange des choses que l'on avait contre celles que l'on n'avait pas.

Ainsi naquirent le premier marché et le commerce sous sa forme primitive. Le pouvoir de produire des objets et le désir de les posséder variaient néanmoins, selon les individus et les tribus. Cette inégalité dans l'offre et la demande fit naître la rivalité entre vendeurs et acheteurs, et par suite, engendra la concurrence. Mais la concurrence ne pouvait tarder à créer des conflits d'intérêts ; et, lorsque ces conflits étaient poussés à l'extrême, la lutte économique amenait le recours aux armes. Alors survenait la guerre. Dès que la guerre avait éclaté, l'ordre économique et l'organisation sociale étaient temporairement brisés. Une période de destruction suivait, et les conditions normales n'étaient rétablies que longtemps après la conclusion de la paix qui résultait d'une conquête ou d'un compromis.

A chaque conquête ou compromis, succédait une période de relèvement et de reconstruction. Persuadés que le facteur économique était la cause première de la guerre, les hommes s'efforçaient, par tous les moyens, à recouvrer leur prospérité économique, espérant par là accumuler des forces suffisantes en vue d'autres événements. La concurrence reprenait, et, sans tarder, devenait si âpre qu'un nouveau conflit armé était inévitable. Alors les événements se reproduisaient dans le même ordre, et c'est ainsi que la concurrence économique apparaît comme étant à la fois la cause et l'effet de la guerre.

Nous devons donc reconnaître que, dans le monde d'aujourd'hui, ces forces économiques qui tendent à engendrer les guerres, existent toujours et que leur existence est un élément important, qui a figuré, notamment, parmi les causes de la guerre actuelle.

La grande lutte, dont nous venons d'être les témoins, est sans précédent dans l'histoire ; elle est sans précédent parce que les intérêts vitaux étaient en cause. Tout l'édifice de la Société moderne, avec son accumulation d'arts et de sciences, a vu son équilibre chanceler. L'influence et les effets de cette lutte ont été considérables et profonds. Trente-deux Etats, pas un de moins, ont pris part à cette grande mêlée, qui a duré quatre ans et demi. Plus de 60.000.000 millions d'hommes valides ont été mobilisés et l'énorme somme de 30.000.000.000 de dollars a été vainement dépensée. Les pertes totales ont atteint le chiffre effrayant de 33.434.443 hommes. Des cités et des villes ont été détruites : le volume des obligations, de ce fait irrécouvrables, a été considérablement accru ; les prix des denrées alimentaires ont triplé et quadruplé. Bref, le dommage causé par la guerre est si considérable et si étendu qu'il est à peine un Etat neutre, qui n'en ait été profondément atteint.

Telles étant les dépenses causées par la guerre et l'étendue des destructions qu'elle a entraînées, il est évident que le premier problème à résoudre immédiatement, celui de la reconstruction, est d'ordre économique. Des diverses parties de ce problème économique, le relèvement industriel est le plus urgent. Déjà, en Europe, tous les efforts possibles ont été faits pour faire revivre les industries ébranlées et pour réorganiser les anciennes entreprises. La France, remise en possession des mines de fer de la Lorraine et des gisements houillers du bassin de la Sarre, consacre son énergie au développement de ses hauts fourneaux et de ses aciéries. D'autre part, l'Allemagne, privée de ces riches ressources, porte son attention sur le développement de ses industries électriques et chimiques. L'Angleterre prend aussi des mesures pour stimuler l'industrie dans son Empire. Elle a récemment inséré dans ses nouvelles lois commerciales une clause favorable à l'importation des produits et objets manufacturés de ses Dominions d'outre-mer. L'Amérique et le Japon, les deux pays qui, au point de vue commercial et industriel, ont tiré profit de la guerre, font tous leurs efforts pour maintenir et consolider l'avantageuse position économique qu'ils ont acquise. La reprise et le développement du bien-être économique est donc la caractéristique essentielle de la reconstruction.

Pour réaliser une prompte reprise des industries, certaines nations ont jugé nécessaire et convenable de leur imposer un contrôle d'Etat. Une semblable ligne de conduite est justifiée par le fait qu'une coordination efficace des organisations économiques augmentera la production, ce qui est un des besoins les plus urgents de notre époque. La politique du « laissez faire, » en faveur avant la guerre, ne l'est plus aujourd'hui ; elle doit être abandonnée, tout au moins pour le moment. On prétend qu'en enlevant aux capitalistes individuels le contrôle des industries, non seulement on empêchera les profits excessifs mais encore qu'on arrivera à une répartition équitable des bénéfices entre les travailleurs. Ce point sera étudié plus en détail lorsque nous aborderons le chapitre consacré aux politiques industrielles.

Enfin, il y a des signes certains de l'existence d'une tendance vers une plus grande coopération entre les nations. La création de l'Association scientifique internationale, sous les auspices de la Société Royale de Londres, en est une manifestation ; elle marque un mouvement international en faveur de l'application des sciences à l'industrie. En dehors de cette organisation cosmopolite, d'autres tentatives sont faites dans le même sens. La réunion à Londres des « Syndicats ouvriers » des différents pays, celle de la Conférence économique internationale à Bruxelles, la convocation de la Chambre de commerce internationale à New-York, ont, comme d'autres réunions, pour principal objet, le développement de la coopération internationale. Les Nations en sont arrivées à croire que ce n'est que par ce moyen qu'elles peuvent écarter les conflits économiques susceptibles d'amener des guerres à l'avenir. Il y a de nombreuses questions posées par la concurrence économique et industrielle qui ne peuvent être réglées par la Société des Nations, et que seule une aide mutuelle et une coopération volontaire peuvent résoudre.

La Chine a été admise comme membre régulier de la Société des Nations. Alors que d'autres pays cherchent à réaliser des améliorations économiques, elle ne peut pas se tenir à l'écart ; elle doit s'efforcer de s'adapter à la situation d'un monde qui change, et d'aider les puissances à résoudre les problèmes de la coopération économique. Ce n'est qu'en agissant ainsi qu'elle peut se montrer digne de sa qualité de membre de la Société ; ce n'est qu'ainsi qu'elle peut survivre dans la lutte pour l'existence nationale.

C'est dans ce but que nous nous proposons d'envisager, dans la *Première Partie*, les tendances économiques et celles de l'instruction publique en Europe et en Amérique après la guerre ; dans la *Deuxième Partie* les ressources naturelles et les conditions de l'instruction publique en Chine ; dans la *Troisième Partie* la situation future de la Chine considérée à la lumière de ses relations internationales. Nous espérons très sincèrement que la série de faits et de renseignements ainsi rapportés, pourra aider notre peuple à mieux comprendre les changements qui s'accomplissent en dehors de la Chine, et servir de guide pour le mouvement de réformes dans notre pays, afin qu'il puisse suivre le progrès du reste du monde. Si ce but peut être réalisé, même dans une faible mesure, ces chapitres n'auront pas été écrits en vain.

# PREMIÈRE PARTIE

# LA RECONSTRUCTION APRÈS LA GUERRE

## CHAPITRE PREMIER

# Effets économiques de la Guerre

On rapporte que Napoléon avait fait la remarque que l'argent était le principal facteur du succès militaire ; il lui semblait que, sans ressources financières suffisantes, aucune guerre ne pourrait être gagnée. Aujourd'hui, les hommes vont plus loin encore puisqu'ils disent que, sans hommes, sans argent, et sans munitions, la victoire n'est plus possible, ce qui revient à dire qu'en temps de guerre aussi bien qu'en temps de paix, le facteur économique est toujours le plus puissant. Les problèmes économiques étaient également les plus embarrassants de ceux qui se posaient devant la Conférence de la Paix. Les questions territoriales, telles que celles du bassin de la Sarre, de la Silésie, et de Fiume, qui furent l'objet de controverses brûlantes, avaient non seulement une signification politique mais encore une portée économique.

Avant de nous engager dans une étude détaillée des nouvelles tendances et des nouvelles politiques économimiques en Europe, il nous faut, tout d'abord, envisager les effets économiques de la guerre et particulièrement les pertes en vies humaines, en argent, en matériaux et leurs répercussions sérieuses dans l'ordre économique des Etats belligérants en particulier, et du monde en général.

## I. — LES PERTES EN VIES HUMAINES

Au cours du terrible conflit, près de 60.000.000 d'hommes furent mobilisés. Sur ce nombre, on compte 18.700.000 blessés et 7.800.000 tués ; le total des pertes s'est donc élevé à 26.500.000, soit 44 % du nombre des mobilisés. Il ne faut pas perdre de vue que les hommes appelés au service actif étaient tous des hommes valides. Comme 44 % d'entre eux ont été portés sur la liste des pertes, on peut se figurer l'importance de la perte de puissance productive qu'a subie l'humanité. N'oublions pas que les trois facteurs de la production sont les matières premières, le capital et le travail; le travail est considéré comme le plus essentiel. Sans le travail, les matières premières ne peuvent être transformées en produits finis, et il n'est pas possible de faire produire des bénéfices au capital. Comme conséquence de ces énormes pertes en hommes, l'Europe se trouvera bientôt en présence d'une pénurie de main-d'œuvre analogue à celle dont elle a souffert pendant la guerre.

Jusqu'à présent, cependant, cette pénurie de main-d'œuvre ne s'est pas fait sentir. En fait, les difficultés actuelles proviennent moins d'une insuffisance que d'une excessive abondance de main-d'œuvre. Qu'on prenne l'exemple de l'Angleterre : la question la plus essentielle qu'ait à résoudre actuellement le gouvernement britannique est celle de l'emploi qu'il faut trouver pour les 5.000.000 de soldats démobilisés. Pour compliquer encore la situation, il y a 1.500.000 ouvrières qui avaient remplacé les hommes pendant la guerre, et dont il faut se débarrasser, maintenant que ces hommes sont revenus du front. Cette question sociale est devenue épineuse en Angleterre.

Les nations qui se trouvent en face de semblables difficultés, consacrent des sommes importantes à l'assistance aux soldats démobilisés qui ne peuvent trouver de travail. D'après des statistiques dressées au mois de juillet de l'année 1919, 15.000.000 de familles avaient reçu des subventions officielles. Entre autres moyens envisagés pour leur trouver des emplois, il a été suggéré de réduire le nombre d'heures de travail et de restreindre l'emploi des enfants.

Ces conditions anormales qui existent dans les pays belligérants, ne sont que temporaires. Lorsque la paix et l'ordre auront été complètement restaurés et qu'un nouvel équilibre se sera établi, le pendule économique tendra à revenir à sa position normale, et la pénurie de main-d'œuvre se fera sentir.

Jusqu'à présent, nous n'avons parlé que des pertes de guerre et de leur effet sur les conditions du travail. Mais nombreux sont les civils qui ont subi des pertes, peut-être plus importantes encore, causées non seulement par les engins de guerre, mais encore par la famine, la maladie et les massacres ; on évalue leur nombre à plus de 9.000.000. En Belgique, en Pologne, en Serbie et dans le Nord de la France par exemple, où les combats ont été le plus acharnés, le nombre des non-combattants tués ou blessés a été vraiment incalculable.

De plus, par suite du fait que les jeunes soldats étaient absents de leurs foyers, le taux de la natalité s'est considérablement réduit. M. Vanderlip, dans son livre : « *What Happened to Europe* » (*Ce qui est arrivé à l'Europe*), estime cette réduction à 12.000.000. Si ce chiffre est exact, la perte totale de vies dépasserait 40.000.000. Si nous considérons que la population totale des Etats belligérants, hommes et femmes, jeunes et vieux, ne dépasse pas 400.000.000, ce chiffre de pertes de 40.000.000 est vraiment alarmant. Si nous rappelons aussi que le plus grand nombre de ces 40.000.000 d'individus étaient des hommes jeunes, pleins de force physique et de vigueur morale, nous pouvons nous faire une idée exacte de l'énormité des sacrifices en vies humaines, en forces économiques et en puissances de production qu'a entraînés la guerre.

## II. — LA DESTRUCTION DES PROPRIÉTÉS

Les dommages causés à la propriété par la récente guerre sont sans précédent dans l'histoire. Des villages et des villes ont été incendiés, des maisons et des bâtiments détruits, des usines et des mines ruinées, des champs et des riantes prairies transformés en déserts inondés de sang. La dévastation a été si grande et si étendue que lorsqu'on revoit certains endroits, on ne peut les reconnaître. Ce sont les cultivateurs qui ont souffert le plus ; leurs terres ont été déchiquetées par l'explosion des obus et par les tranchées qui y ont été creusées ; le sol, jadis fertile, s'est mélangé de poussière, de cendres et de pierres, et il faudra plusieurs années avant que son ancienne fertilité puisse lui être rendue. Des milliers d'âcres de terres arables, de jardins et de vergers ont donc été rendus improductifs. M. C. W. A. Veditz, dans son livre : « *The Reconstruction Needs of France* », estime que la réparation, la restauration et la reconstruction de toutes les maisons, champs, mines, manufactures et autres constructions exigeraient au moins dix ans de travail et une dépense de 645.000.000.000 de francs. La région du Nord de la France était autrefois la région la plus prospère du pays ; sa production de charbon constituait 68 % de la production totale de charbon de la France, et sa production de fer 90 % de la production totale de fer. Le blé, les légumes, l'alcool, le coton y étaient également abondants, mais, au cours des hostilités, ce fut cette région qui supporta la plus grande dévastation et ces produits ont été détruits. Les pertes dans cette seule région ont déjà été considérables, mais la destruction totale de la zone de guerre tout entière est encore plus écrasante et fabuleuse.

A ces ravages et venue s'ajouter la grande désorganisation des moyens de transport dans la zone de guerre. Tous les centres commerciaux et industriels d'Europe dépendent des facilités de transport pour leur approvisionnement en vivres et matières premières ainsi que pour l'exploitation de leurs produits ouvrés. Dès lors, lorsque ces moyens de transport sont endommagés, non seulement tout le système industriel peut être arrêté, mais encore il s'ensuit une menace de famine. La panique en est le résultat inévitable, et les bases elles-mêmes de l'ordre social et économique peuvent être en danger. Tel est le cas en Serbie, en Autriche et en Pologne. Voyons dans quelle importante mesure les moyens de communication ont été détruits dans ces pays.

En Serbie, presque tout le système ferroviaire a été détruit, et au jour de la signature de l'armistice, il ne restait plus que neuf locomotives. Sur le front oriental, la Pologne avait été prise et reprise trois fois par les Allemands et par les Russes, et ses moyens de transport ont eu le même sort. La Serbie et la Pologne ont éprouvé en conséquence des difficultés pour le transport des vivres dans diverses localités de leur territoire, et le peuple est exposé à la faim et au dénûment.

Sur le théâtre occidental de la guerre, le long des frontières de la France et de la Belgique, des centaines de ponts de chemins de fer ont été détruits par l'artillerie et la dynamite. Une enquête officielle dans ces régions révéla que les fondations de certains de ces ponts ont été ébranlés au point d'être devenues inutilisables. Des voies ferrées situées en dehors de la zône de guerre ont subi de grands dommages par suite de la fatigue engendrée par une circulation anormale de trains transportant des soldats, des munitions et autres matériels de guerre.

Par suite de l'application par l'Allemagne de sa politique sous-marine, le tonnage des marines marchandes est tombé, de 41.000.000 de tonnes avant la guerre, à 25.000.000 de tonnes. Bien que 12.000.000 de tonnes aient été construites pendant les hostilités, le tonnage disponible est encore aujourd'hui loin d'être suffisant pour rendre au commerce son ancienne prospérité.

Telles sont les énormes pertes en matériel et en biens,

et tels sont les effets économiques de la guerre sur l'Europe. Il faudrait des années pour soulager les souffrances et la détresse ; il faudrait des dizaines d'années pour réparer les dommages et les destructions. La recontruction est le problème qui préoccupe aujourd'hui le plus les hommes d'Etat et les peuples de ces malheureux pays.

## III. — PERTES FINANCIÈRES

D'après des autorités compétentes en matière de finances, le coût total de la guerre, en argent, se monterait à 300.000.000 dollars. Cette somme immense a été obtenue principalement par la souscription à des obligations d'Etat dans les divers pays. L'Angleterre et l'Amérique ont essayé de faire face à leurs dépenses de guerre exclusivement par l'impôt, mais elles ont été dans l'impossibilité de réussir, car la somme était trop considérable pour pouvoir être obtenue par ce moyen. D'après des statistiques dignes de foi, l'ensemble des dettes publiques de l'Angleterre, de l'Amérique, de la France, de l'Italie, de la Russie, de l'Allemagne et de l'Autriche, était au 1er août 1914 de 54.300.000.000 de dollars. Au 1er janvier 1919, s'y étaient ajoutés 388.800.000.000 de dollars, ce qui portait le total à plus de 440 milliards. Les chiffres suivants indiquent le total des dettes nationales de certains pays :

| | | |
|---|---|---|
| Russie .............. | $ | 108.000.000.000. |
| Allemagne .......... | $ | 80.000.000.000. |
| Angleterre .......... | $ | 75.000.000.000. |
| France ............... | $ | 60.000.000.000. |
| Etats-Unis .......... | $ | 53.000.000.000. |
| Autriche ............ | $ | 34.000.000.000. |
| Italie ................ | $ | 30.000.000.000. |

Les intérêts seuls de ces dettes publiques sont assez saisissants : à 5 %, ils se monteraient en effet à 22 milliards de dollars.

Les gouvernements ont essayé de remédier aux difficultés financières non seulement par l'émission d'emprunts, mais encore par l'émission de billets, et c'est là une caractéristique de leur situation financière anormale ; ces émissions de billets sont la principale cause des perturbations économiques du marché financier mondial. Depuis le commencement de la guerre, il a été mis en circulation pour $ 140.000.000.000 de billets, montant quatorze fois plus élevé que celui qui existait avant la guerre sur le marché monétaire. Il est vrai que la réserve en espèces a également augmenté, mais dans une proportion beaucoup moindre que la monnaie de papier. Il en est surtout ainsi en Russie, en Turquie, en Allemagne et en Autriche. En Russie, le pourcentage de la réserve métallique formant la contre-partie des billets en circulation est tombée à presque rien. A une certaine époque, la Turquie n'avait dans ses caisses que 5.000.000 de livres. L'Allemagne, qui, avec une réserve de 2.400.000.000 de marks amassés avant la guerre se trouvait au début du conflit dans une situation florissante, souffre actuellement de la même dépression financière. Le besoin d'espèces pour l'achat de vivres à l'étranger et pour les versements spécifiés par l'armistice a encore aggravé sa situation. Il ne reste maintenant en caisse qu'un peu plus de 1.000.000.000 de marks et cette réserve ne représente plus que 3 % du montant des billets en circulation.

Avant la déclaration de guerre, l'Autriche avait des réserves en espèces s'élevant jusqu'à 71,78 % ; celles-ci sont tombées à 66 %. En Italie, en France et en Angleterre, les réserves se trouvent réduites respectivement à 9,4 %, 16 % et 22 %. Tous ces pourcentages sont bien inférieurs à ceux fixés par les autorités publiques et financières de ces pays. On considérait qu'une réserve d'or égale à 33 % du montant des billets en circulation était la base d'un système financier sain ; aujourd'hui l'Amérique et le Japon sont les deux seuls pays capables de remplir cette condition. Les réserves de la « Federal

Reserve Bank » des Etats-Unis s'élèvent à 48 %, et celles de la Banque Impériale à Tokio à 33 %.

Un des problèmes les plus ardus qui se pose devant les hommes d'Etat et les financiers d'aujourd'hui, est donc celui du rétablissement d'un juste rapport entre le montant de la circulation fiduciaire et celui de la réserve. Consultant l'histoire, on peut voir qu'il a fallu quatorze ans à l'Amérique pour ramener ses billets au pair après la guerre civile, quinze ans à certains Etats d'Europe après les guerres napoléonniennes, sept ans à la France après la guerre franco-prussienne. Si l'on prend les exemples de l'histoire comme base de nos évaluations, il faudra au moins vingt ans avant que les billets actuellement en circulation puissent recouvrer leur pleine valeur.

Après avoir ainsi relevé les pertes en vies humaines, en argent, en matériel et en biens en général, il nous reste à considérer les effets de ces pertes sur le monde économique et sur la situation générale.

## IV. — PÉNURIE DE VIVRES ET DE MATIÈRES PREMIÈRES

Craignant toujours l'insuffisance des denrées alimentaires, l'Europe n'a cessé de porter son attention sur l'agriculture tout autant que sur le commerce et l'industrie. On a calculé que sur ses 450.000.000 d'habitants, plus de 100.000.000 dépendent, pour leur nourriture, d'importations d'autres continents. Cette situation s'est encore aggravée, pendant la guerre, du fait de l'appel sous les drapeaux de millions de cultivateurs. Il n'y a pas eu seulement diminution de la production, mais encore insuffisance de navires pour importer les vivres de l'étranger. En présence d'un déficit dans la quantité des vivres, on n'a pu que prescrire la plus stricte économie dans la consommation ; en conséquence, la quantité de vivres, pouvant être consommées par individu, a été limitée ; des brasseries ont été fermées et il a été défendu de conserver des chiens. Certains jours de la semaine il a fallu s'abstenir de sucre, de pommes de terre et de viande. Les soldats ont été bien nourris, mais la population civile devait se contenter du strict nécessaire.

La guerre terminée, il n'est que naturel que, par réaction, ces populations, dont la vie avait été gênée par ces déplaisantes restrictions, élèvent la voix pour obtenir un prompt retour à leurs anciennes habitudes et à leur confort antérieur. Mais il y a des pays belligérants où la situation est actuellement pire qu'elle n'était lorsque la guerre battait son plein. La Serbie et l'Autriche en sont des exemples frappants : ces deux pays souffrent de la famine ; leurs habitants doivent manger de la paille et des balles de blé pour apaiser leur faim et se vêtent de sacs de chanvre pour résister aux froids de l'hiver. 80 % des Yougo-Slaves ont été, dit-on, atteints de tuberculose.

Des faits semblables sont cités par Georges Keynes dans son livre *Les conséquences économiques de la Paix.* Selon cet auteur, l'Allemagne et la Russie ont souffert de la rareté des vivres due à une diminution de production et à l'absence de moyens suffisants de transport. Avant la guerre, l'Allemagne produisait 85 % des denrées alimentaires qu'elle consommait ; ses champs n'en donnent plus que 45 %. En Russie, les vivres avaient constitué, de tout temps, la plus grande partie des exportations, mais actuellement ce pays doit faire appel à l'étranger.

La France n'a pas davantage été exempte de cette détresse économique. Son ministre de l'Intérieur estime que la production indigène de denrées alimentaires ne suffira pas pour répondre aux besoins de la moitié de la population; il base son estimation sur le fait qu'en 1919, les récoltes de blé et de riz n'ont été que la moitié de celles de 1913.

Les combustibles et les produits industriels sont également rares ; ceci est vrai surtout pour le charbon. Le charbon est le pain des machines, et, sans lui, aucune usine ne peut être mise en activité. La plupart des charbonnages de France ont été détruits par l'ennemi, et il faudra des années avant qu'ils ne soient remis en état. En Angleterre, une récente grève des mineurs a entraîné une diminution de la production. L'Allemagne, après l'attribution à la France du Bassin de la Sarre et de la Lorraine, se trouve privée de la possibilité de s'approvisionner en charbon sur son territoire. L'Italie ne produisait pas elle-même de charbon ; elle dépendait de ses importations d'Angleterre et d'Allemagne, mais comme ces deux pays souffrent eux-mêmes du manque de charbon, et qu'il n'y a pas de tonnage disponible pour le transport, la détresse de l'Italie à cet égard en est aggravée.

En Autriche, l'hiver dernier, les conditions étaient plus mauvaises, encore pires. La plupart de ses chemins de fer électriques et de ses usines électriques ou à gaz ont été obligés de cesser le travail, et le public dût supporter les grands froids sans pouvoir se chauffer. Avec des objets en bois et des pièces de leur mobilier, les gens riches ont pu se procurer quelque chaleur, mais les pauvres n'ont eu qu'à grelotter de froid. Il n'y a pas lieu de procéder à un examen détaillé des mauvaises conditions résultant de la pénurie des vivres et des combustibles ; nous avons donné suffisamment d'exemples des privations, des misères et des restrictions que la guerre entraîne.

## V. — LA HAUSSE DES PRIX DES VIVRES

La hausse des prix des vivres en Europe peut être attribuée à trois causes principales :

1° La diminution de la production ;

2° L'augmentation des dettes nationales ;

3° Et la quantité exagérée de billets en circulation.

En ce qui concerne la première cause, nous pouvons tous voir comment les prix se sont élevés, parce que la production de vivres ne s'est pas développée parallèlement à la demande. Les émissions excessives d'obligations d'Etat et de billets tendent à abaisser la valeur de la monnaie de papier, et, en conséquence, à élever le niveau des prix. Les statistiques dressées en Angleterre par sir George Paish contiennent certains détails significatifs : Sir George Paish constate que la diminution de la production des vivres n'est que de 40 %, tandis que les prix ont augmenté de 180 % par rapport à leur ancien niveau. Si, même par des économies et des restrictions, on pouvait compenser la diminution des 40 % de la production, il n'en subsisterait pas moins une grande disproportion entre la production et la hausse des prix. Dans les pays où la quantité de billets est particulièrement anormale, la hausse des prix est plus grande encore.

Les gouvernements intéressés se préoccupent évidemment beaucoup de cette hausse anormale, du coût de la vie et des souffrances qui en résultent pour les consommateurs. Divers moyens ont été suggérés et mis en pratique en vue d'y remédier. Certains gouvernements ont essayé de donner des subsides aux boulangers ; d'autres ont limité l'augmentation des loyers des maisons. Malgré ces louables efforts, les prix des combustibles, des étoffes, des outils, du savon, des allumettes et autres objets nécessaires à la vie domestique, s'élèvent encore, après avoir déjà triplé ou sextuplé. En moyenne, nous pouvons dire que les prix, en général, ont au moins triplé depuis le commencement de la guerre.

Jusqu'à présent, nous n'avons constaté que la hausse des prix des vivres en Europe ; mais les relations économiques sont devenues si étroites et si intimes entre les nations, que chacune d'entre elles subit le contre-coup des perturbations économiques à l'étranger. Un examen attentif du rapport annuel de la « New-York National Bank » révèle que la valeur de la soie de Chine et du Japon, du chanvre des Philippines, du coton d'Egypte, de l'étain de la péninsule Malaise, des peaux et fourrures de l'Inde, du Mexique et de l'Amérique du Sud, a augmenté de 200 %. Et cependant, tous ces produits ne répondent pas à des besoins courants ou d'ordre militaire ; ils ne sont pas produits dans des pays belligérants. Cela contribue à prouver qu'il n'est pas un seul point du monde qui ne soit affecté par le désordre économique né de la guerre.

Si nous tournons les yeux vers l'Extrême-Orient, nous voyons que le prix des vivres, au Japon, s'est élevé presqu'autant qu'en Europe et en Amérique, et que le coût de la vie y a presque doublé depuis 1915. Bien qu'en Chine, celui-ci ait augmenté indéfiniment moins que dans l'Occident, si nous considérons que l'étranger qui séjourne en Chine doit convertir ses billets-or en monnaie argent pour pouvoir acheter nos produits, la hausse du coût de la vie devient immédiatement évidente. Le change-or s'est déprécié de plus de moitié à l'égard de son ancienne valeur, et l'on peut considérer en conséquence que les prix ont doublé, même si nous supposons que, calculés en monnaie d'argent, les prix n'ont pas changé.

## VI. — L'AGITATION OUVRIÈRE

Il est hors de doute que le problème ouvrier est le grand problème de l'époque présente en Europe et en Amérique, pays où l'industrie est en pleine prospérité. C'est un problème qui apparaissait déjà important, depuis de nombreuses années. La guerre n'a fait que le rendre plus compliqué et plus formidable ; elle a accentué l'agitation, provoquant ainsi une plus grande appréhension. Cette agitation peut être attribuée à quatre causes :

1° Le sentiment croissant parmi les ouvriers de leur importance personnelle, à raison de leur participation à la guerre ;

2° Le renversement de gouvernements autocratiques;

3° Le chômage;

4° Le coût de la vie.

1° *Le sentiment croissant, de la part des ouvriers, de leur importance personnelle, par suite de leur participation à la guerre.* — La guerre mondiale a fourni aux travailleurs l'occasion de manifester leur patriotisme et de rendre de remarquables services au pays. Ils forment la plus grande partie de la population d'un pays et, en conséquence, ils ont souffert plus que tous autres de la terrible lutte. Dans les usines et dans les arsenaux, aussi bien que sur les champs de bataille, ils étaient unis de pensée et de cœur, travaillant avec patience pour le salut de leur pays. La prolongation des heures de travail et la diminution des salaires ne soulevèrent pas un murmure de protestation. Ce dévouement leur a acquis le respect et la gratitude de la nation, et il tend à faire naître dans leur esprit un sentiment d'orgueil et d'importance personnelle qui est la cause de leur agitation en faveur de l'amélioration de leurs conditions d'existence.

2° *Le renversement des gouvernements autocratiques et bureaucratiques et l'extension conséquente du pouvoir du peuple.* — La guerre a sonné le glas de nombreux trônes despotiques en Europe et ouvert la voie à une organisation plus démocratique. A aucune époque, l'idée du gouvernement du peuple par le peuple et pour le peuple n'a reçu une impulsion et une accélération plus grandes. Tel étant le cas, les ouvriers, qui constituent la grande masse de la nation, ont acquis une participation plus grande aux affaires de l'Etat. Comme classe, ils ne peuvent plus être négligés ; ils constituent une puissance sociale et économique avec laquelle les hommes d'Etat doivent compter. Les réformes qu'ils réclament à grands cris ne consistent plus uniquement dans une diminution des heures de travail et une augmentation des salaires, mais encore dans une participation aux bénéfices des organisations industrielles, et un certain rôle dans leur direction.

3° *Le chômage.* — La question du chômage prend des proportions de plus en plus grandes. Un certain nombre d'anciennes usines ont été fermées tandis que d'autres, qui avaient été affectées à un usage militaire, n'ont pas encore été rendues à leur destination primitive. Un grand nombre d'hommes revenus du front sont ainsi laissés sans occupations. Beaucoup de ces anciens soldats n'ont pas de ressources et sont réduits à l'indigence ; d'autres sont devenus des parasites du gouvernement. Une situation semblable offre une occasion favorable au développement des idées bolchevistes, des grèves et autres formes d'agitation ouvrière.

4° *Le coût élevé de la vie.* — Les travailleurs qui peuvent trouver du travail ont à résoudre le problème de la vie chère. Il est vrai que les salaires sont plus élevés, mais l'augmentation est insignifiante en comparaison de celle du prix de la nourriture. Des millions d'ouvriers peuvent tout juste se maintenir à la limite où on ne meurt pas encore de faim. La guerre les a laissés dans une situation pire que celle de toute autre classe sociale. Ils ont éprouvé plus de souffrances physiques et d'angoisses morales que tous les autres : blessures, maladies, mortalité. Et maintenant que la guerre est terminée, ils constatent que leurs peines ne sont pas allégées et que leur vie n'a pas été rendue plus heureuse et plus gaie.

Devons-nous être surpris si, dans de telles conditions, les grèves ont été si universelles et l'agitation si générale ? Il n'est pas nécessaire de calculer le volume des articles de journaux consacrés aux différentes phases de l'agitation ouvrière, ou d'indiquer les multiples crises qui se sont produites en Europe et en Amérique, pour être convaincu de l'importance primordiale de la question. La situation est tout particulièrement aiguë en Russie et en Allemagne, allant jusqu'à des révolutions, et en Angleterre elle requiert un changement radical de la politique du gouvernement. Dans ce dernier pays, l'agitation ouvrière a un caractère social autant que politique. Les ouvriers vont jusqu'à réclamer la nationalisation des chemins de fer et des mines de charbon, la non-intervention dans le problème russe, l'abolition de la conscription et la mise en liberté des pacifistes qui ont été emprisonnés. Bref, des signes d'agitation sont en évidence partout. La révolution industrielle n'a jamais été aussi réelle et aussi manifeste qu'aujourd'hui. Elle constitue un des problèmes les plus difficiles que les hommes d'Etat aient à résoudre. Si l'industrie doit se développer et progresser, il faut redresser les griefs des ouvriers avant de pouvoir créer la coopération et l'harmonie. Nous devons comprendre que le problème ouvrier ne concerne pas seulement les ouvriers, il comprend d'autres questions sociales concernant la vie même d'une nation. La vraie solution du problème qui menace l'Europe et l'Amérique ne sera trouvée que lorsqu'on aura fait disparaître les conditions qui donnent naissance à l'agitation.

Pour nous résumer, l'état actuel des choses est celui-ci : la guerre a entraîné, pour les nations belligérantes, de terribles pertes en vies humaines, en biens et en argent. Ces pertes, à leur tour, ont considérablement réduit la production et causé la hausse du prix de la nourriture et en général celle du coût de la vie. Ces conditions anormales ont fait naître dans les classes ouvrières un sentiment de mécontentement et de malaise qui se traduit par des grèves ou des révoltes et fournit un sol fertile pour les idées socialistes extrêmes.

Telle est la suite des événements. Tels sont les problèmes qui demandent une solution immédiate. Nous nous proposons de considérer, dans les chapitres qui vont suivre, les principales tendances économiques qui se manifestent en Europe et en Amérique ; ainsi que les voies et moyens qui ont été adoptés par les hommes d'Etat pour sauver leur pays de la faillite économique.

---

## CHAPITRE II

# Tendances financières après la Guerre

Tant que dura la guerre, la seule pensée des belligérants fut de la gagner à tout prix. Rien ne fut négligé pour ordonner leurs ressources et mobiliser leurs forces. A ce moment-là, ils se souciaient peu du poids de la responsabilité financière qu'ils avaient à supporter. Ce n'est que lorsque le Grand Conflit prit fin, que le sentiment net de cet écrasant fardeau commença d'être éprouvé par les peuples, dans toute sa force. Telles sont les graves réalités auxquelles ils doivent faire face maintenant, et tels les formidables problèmes financiers qu'ils ont à résoudre.

La guerre a grandement diminué les ressources monétaires des nations belligérantes. Presque tous les pays européens se trouvent en face d'une crise financière. Le besoin d'argent est maintenant l'une des plus pressantes nécessités. Il faut remédier à l'inflation du papier en circulation, et il faut payer les intérêts des emprunts d'Etat. En outre on a besoin d'énormes sommes d'argent pour accomplir l'œuvre de reconstruction. Restaurer le système des transports, effectuer les réparations dans les régions dévastées, faire revivre les industries, ce sont là des choses qui doivent être faites immédiatement. Si l'on ne trouve pas des capitaux à cet effet, les réfugiés n'auront pas de foyer, les champs ne seront pas cultivés, les usines ne rouvriront pas. La famine s'ensuivra, et les grèves d'ouvriers continueront à sévir.

Parmi ces aspects du problème financier, celui du rétablissement du crédit national est la question la plus fondamentale. Que vont faire les gouvernements pour se libérer de leurs promesses de paiement à l'égard de leurs nationaux ? En d'autres termes, comment vont-ils maintenir leur solvabilité ? A moins d'adopter à brève échéance les moyens de surmonter ces difficultés financières menaçantes, il se produira une banqueroute générale des nations.

Les remèdes qui ont été proposés par les hommes d'Etat et par les économistes sont multiples et variés; le temps et la place nous manquent pour toucher à plus de quatre d'entre eux, qui s'imposent davantage et sont les plus sérieux, savoir :

1° La répartition égale ou proportionnelle des dettes de guerre entre les pays belligérants ;

2° Le prélèvement sur le capital ;

3° L'annulation ou la répudiation des emprunts gouvernementaux ;

4° L'augmentation générale des impôts.

1° *Répartition proportionnelle des dettes de guerre.* — Depuis le début, la France a soutenu cette thèse. Elle professe que, la guerre ayant été faite pour le bien de toutes les nations de l'Entente, les dépenses faites et les dettes contractées devraient logiquement être supportées par toutes ces nations. Ces charges financières doivent être réparties proportionnellement, d'après la population et la puissance de production de chaque pays. Cette idée a été reprise avec enthousiasme par Sir George Paish qui suggère, en outre, que la Société des Nations devrait se charger d'émettre des obligations à concurrence d'une somme de 4.000.000.000 de livres sterling, comme fonds nécessaires pour la reconstruction, dans tous les pays alliés.

Il y a des arguments pour et contre cette thèse. Le plus puissant contre elle est celui-ci : bien que la guerre ait été poursuivie dans l'intérêt de tous, néanmoins l'élément de danger et de menace diffère en degré pour chacun des alliés. Ainsi, l'Amérique et le Japon n'étaient pas menacés aussi directement par le péril du militarisme prussien que ne l'étaient la France et l'Italie. Il n'est donc pas légitime de demander à l'Amérique et au Japon de supporter une part de la responsabilité incombant à la France et à l'Angleterre. En outre, par quels principes sera-t-on guidé pour faire de la population et de la production, les bases équitables d'une répartition, de manière qu'aucune injustice ne soit faite à l'une quelconque des parties ? Par ailleurs, il est bien certain que personne ne niera que cette thèse ait aussi quelques avantages. Mais, en face des nombreuses difficultés d'application, elle ne peut guère être adoptée sans des changements fondamentaux et de sérieuses modifications.

2° *Prélèvement sur le capital.* — C'est le projet qui consiste à imposer une taxe sur les fortunes de guerre ou l'accroissement de la richesse réalisé pendant la guerre. Il est basé sur ce principe que les capitalistes qui ont fait de gros bénéfices, par suite de la guerre, devraient être tenus de payer de plus lourds impôts. Cette thèse fut proposée dans l'intention de liquider la dette nationale en frappant quelques coups hardis. Elle peut se justifier par cet argument que, puisque des charges sans précédent de la dette imposent à la nation des obligations sans précédent, une méthode de libération rapide et efficace devient impérative.

Ce projet fut chaleureusement défendu par les porte-paroles des ouvriers et des libéraux en Angleterre, et fortement appuyé par les autorités financières en France. Néanmoins, après avoir été sérieusement étudié dans des comités financiers, il fut abandonné en raison du violent sentiment d'opposition des capitalistes. On fit valoir énergiquement que si des impôts devaient être levés sur cette base, les capitalistes verraient leur capital diminuer d'autant et, indirectement aussi, leur puissance de production. Au surplus, nombre d'entre eux essaieraient de se soustraire à l'impôt en dissimulant leurs capitaux au lieu de les placer dans des entreprises productives. En d'autres termes, un impôt sur le capital paralyserait, s'il ne les détruisait pas, les industries du pays et découragerait l'épargne au moment où la reconstitution industrielle devrait prendre le pas sur tout le reste.

L'un des arguments en faveur de l'adoption de ce projet était que, opérer un prélèvement sur le capital des « profiteurs », tels que les propriétaires d'usines de munitions qui ont fait de grandes fortunes pendant la guerre, non seulement ne serait pas une mesure d'oppression contre eux, mais tendrait à équilibrer la répartition de la richesse. Nous ne disons pas que les richesses qu'ils ont acquises pendant la guerre étaient illégitimes ; mais ce que nous croyons, c'est que leurs bénéfices ont été hors de proportion avec ce que justifiaient leurs efforts. Ainsi, on ferait beaucoup pour soulager leur conscience en leur demandant de renoncer à une partie des gains immérités qu'ils ont ainsi faits.

3° *Répudiation des emprunts d'Etat.* — C'est là un procédé encore plus nouveau et plus arbitraire que celui d'un prélèvement sur le capital. A l'exception de la Russie qui a fait usage de son autorité gouvernementale pour déclarer nulles et non avenues toutes les dettes nationales et internationales, aucune autre nation n'ose envisager une mesure aussi hardie. Une annulation sommaire du passif national non seulement militera contre le crédit et la bonne foi d'un gouvernement, mais mettra le pays en danger. Elle mine les fondements d'un gouvernement en faisant disparaître dans l'esprit de son peuple sa tendance naturelle à se tourner vers lui pour la protection de ses droits et de ses libertés. Et lorsque se présenteront de nouvelles nécessités pressantes et qu'une aide financière deviendra nécessaire de la part du peuple, celui-ci hésitera à donner son appui au gouvernement.

Dans le cas de la répudiation des emprunts internationaux, les conséquences et les risques sont encore plus graves. Aucun pays ne peut ignorer les obligations financières contractées envers un autre pays sans causer une rupture des relations diplomatiques, sinon le recours à un conflit armé, avec la nation créditrice.

Ces dangers et ces risques, le Gouvernement russe ne les ignore nullement. La Russie fut contrainte de s'engager dans cette voie désespérée, uniquement à cause de l'insolvabilité irrémédiable de sa trésorerie et de l'impossibilité de se libérer de l'une quelconque de ses obligations. Comme on pouvait s'y attendre, les nations créditrices ont déclaré qu'elles ne reconnaîtraient pas cette décision d'irresponsabilité. La France et l'Angleterre ont déjà adressé une énergique protestation contre cette décision. D'après les dernières nouvelles, les Russes se rendent compte peu à peu de la folie de leur projet, et il se peut que la décision de répudiation soit rapportée.

4° *Augmentation des impôts.* — Les trois projets qui précèdent — répartition proportionnelle des dettes de guerre, prélèvement sur le capital, et répudiation des dettes nationales, — ont été soigneusement étudiés par les autorités financières de l'Europe et déclarés tout à fait impraticables. Il reste une autre proposition qui est grandement soutenue ; l'accroissement de l'échelle des impositions ou le maintien du taux élevé actuel, spécialement des lourds impôts sur le revenu, jusqu'à ce que le fardeau de la dette ait été allégé dans une certaine mesure, et le revenu, amené à balancer les dépenses. Telle paraît être la seule manière pratique de faire disparaître le chaos de la situation financière. Elle peut être réalisée avec le minimum de difficultés. Un grand nombre d'hommes sérieux se sont déclarés en faveur de cette thèse pour de louables motifs. Des impôts élevés, croient-ils, serviraient à entretenir le souvenir de la guerre, et à conserver toujours présentes, à l'esprit des peuples, ses horreurs et ses souffrances. L'acceptation de si lourdes charges aura aussi l'effet salutaire d'engendrer chez les fonctionnaires du gouvernement un plus grand souci d'économie et un esprit de plus grande parcimonie dans l'emploi des deniers publics. En outre, cela pousserait les contribuables à mener une vie plus active et plus entreprenante, comme aussi à prendre des habitudes d'épargne et d'assiduité au travail.

Néanmoins, ce projet, s'il est adopté, n'est pas si simple qu'il le paraît. Le produit de cet impôt est basé sur les revenus des contribuables, lesquels, à leur tour, dépendent de la prospérité industrielle du pays. Là encore la question est intimement liée à celle de l'expansion industrielle.

Or, il y a deux manières de développer l'industrie, qui augmenteront les sources d'impôts :

1° Protéger les industries du pays, et 2° encourager de nouvelles entreprises. La première peut être réalisée en imposant des droits élevés sur les produits importés. Cette question sera traitée dans un autre chapitre. Pour le moment nous nous occuperons de la seconde manière.

De nombreux et formidables obstacles s'opposent, actuellement, au développement de l'industrie en Europe; les principaux sont le niveau peu élevé du cours des changes et le taux élevé d'intérêt des emprunts. Comme nous l'avons indiqué plus d'une fois dans ce livre, l'Europe souffre d'une pénurie de matières premières. Les pays sur lesquels elle compte pour lui fournir des marchandises sont principalement la Chine, l'Inde et l'Amérique. En ce qui concerne l'Amérique, non seulement l'Europe lui a emprunté de grosses sommes d'argent, mais encore elle a importé de ce dernier pays plus de marchandises qu'elle n'y en a exporté. La conséquence naturelle d'une dette si considérable et d'une balance si défavorable du commerce est d'abaisser le cours du change des devises européennes.

En Chine et dans l'Inde, où l'argent est l'étalon reconnu, le change de l'or accuse une baisse qui n'est rien moins que phénoménale. Il y a aussi une différence marquée entre la valeur de l'argent en lingot et celle de l'or en lingot, à cause de la demande toujours croissante d'argent pour payer les effets de commerce. Un fait qui accentue encore la pénurie, c'est que la production des minerais d'argent a été fortement réduite. Par suite des incessantes révolutions du Mexique, ce pays n'a pas produit la quantité qu'il fournissait habituellement ces dernières années. De même l'Australie a produit des quantités moindres que jamais.

Toutes ces circonstances concourent à relever la valeur de l'argent avec une baisse correspondante de celle de l'or. De semblables perturbations sur les marchés monétaires retardent la renaissance de l'industrie en Europe, car celle-ci doit importer des matières premières provenant de pays où l'argent est l'étalon monétaire. Si les pays européens ne peuvent rétablir leurs industries et produire des marchandises qu'ils puissent exporter, en échange de leurs importations, ce qui permettrait de rétablir l'équilibre, il est impossible que l'Europe évite la faillite. En fait, elle est déjà au bord du précipice.

En face de ces difficultés économiques, les hommes d'Etat et les financiers européens sont d'accord sur la nécessité d'une collaboration et d'une entente internationales à cet égard. Si des conditions tant soit peu normales doivent être rétablies, il est devenu essentiel que tous les pays qui sont surchargés de dettes de guerre, ou qui ont accumulé une forte balance d'importations sur les exportations, se liguent pour rechercher les mesures qui stabiliseront le change étranger. En fait, la Conférence Economique Internationale de

Bruxelles, et l'Assemblée, à New-York, de l'Union Internationale des Chambres de Commerce, furent provoquées par ce désir de favoriser une collaboration internationale et une aide mutuelle dans la tâche du rétablissement des changes étrangers sur des bases normales.

Le second obstacle à la renaissance de l'industrie est le taux élevé de l'intérêt provoqué par les perturbations économiques, dans les pays belligérants. Le coût prodigieux de la guerre qui a draîné les ressources financières des pays belligérants, a provoqué une pénurie de capitaux disponibles qui a fait monter le taux de l'intérêt. Voici un tableau qui montre la différence des taux d'intérêt, avant et après la guerre, sur les marchés financiers d'Angleterre, de France et d'Amérique:

| | Avant la guerre | Après la guerre |
|---|---|---|
| Angleterre | 2,5 % | 4,5 % |
| France | 3 % | 5 % |
| Amérique | 3,5 % | 4 % |

Le taux de l'intérêt des Banques d'Etat a aussi augmenté considérablement dans les pays suivants :

| | | |
|---|---|---|
| Angleterre | 3 % | 6 % |
| France | 3,5 % | 5 % |
| Amérique | 4 % | 5 % |
| Japon | 7 % | 8 % |

Tant qu'on ne pourra trouver des mesures efficaces pour remédier à l'embarras financier causé par l'inflation de monnaie de papier et la hausse du prix de la vie, les capitaux resteront insuffisants, et en conséquence le taux de l'intérêt continuera à s'élever.

L'une des mesures qui ont été prises en vue d'améliorer cette situation est l'unification et la concentration des ressources financières d'un pays. C'est ce qui avait été fait en Allemagne longtemps avant la guerre, et nous n'avons pas à examiner son cas ici.

En Angleterre, les disponibilités financières sont maintenant concentrées dans ses cinq banques principales, sous la surveillance d'un comité nommé par le Chancelier de l'Echiquier et agréé par leurs conseils d'administration. La France aussi compte sur ses quatre principales banques pour la soutenir. Aux Etats-Unis la « Federal Reserve Bank », depuis sa création, a donné de bons résultats et amplement justifié son existence ? Jusqu'à présent, ce même mouvement n'a pas encore gagné le Japon. Le moment ne tardera pas, cependant, où l'opinion publique de l'Empire Insulaire fera pression sur son gouvernement pour qu'il suive l'exemple donné.

Lorsque les disponibilités financières seront concentrées dans quelques banques, le crédit s'élargira, ce qui, en fait, abaissera le taux de l'intérêt. Si le taux de l'intérêt est abaissé et si le change international revient à un niveau normal, les matières premières circuleront plus rapidement et plus facilement d'un pays à un autre, et les industries commenceront à reprendre une vigueur nouvelle. Ce sont là des mesures nécessaires qu'il faut prendre avant que les sources de revenus puissent être développées, et le rendement des impôts, augmenté.

Ici se pose la question : Le fardeau doit-il être porté entièrement par la génération actuelle, ou bien une partie doit-elle en être reportée sur les générations futures ? En d'autres termes, faut-il que le coût de la guerre soit supporté par les seuls revenus actuels ou également par ceux de l'avenir ? On soutient que les futurs contribuables doivent en prendre une part égale, car ce sont eux qui jouiront des bienfaits qui ont été rendus possibles par les souffrances et les sacrifices en hommes de la génération présente. La génération présente a supporté assez de douleurs physiques et assez d'angoisses, et elle a porté le fardeau d'impôts excessifs ; il n'est que juste qu'elle demande à être déchargée, pécuniairement, d'une partie du coût de la guerre.

## CHAPITRE III

# Politiques économiques après la Guerre

De même que la maladie qui se prolonge, une longue guerre amène la mort, ou tout au moins un grand affaiblissement de la vitalité d'un peuple. La lutte meurtrière, dont vient à peine de sortir le monde, a fait disparaître le confort et la prospérité dont jouissait l'Europe ; elle a bouleversé son ordre social, politique et économique. Le seul espoir de restauration réside dans la renaissance industrielle et dans le progrès.

A ces fins, tous les pays belligérants ont créé des organismes chargés de la tâche de reconstruction. Le service des Affaires Financières en Belgique, la Commission de Restauration en Italie, et des offices semblables en Allemagne et en Autriche, en France et en Angleterre, ont tous pour attribution essentielle la remise au point de l'ordre économique de ces pays, pour faire face à la situation critique née de la guerre mondiale. En Amérique, les Commissions spéciales de l'Industrie, du Commerce, des Vivres, des Combustibles, etc..., organisées pendant la guerre, n'ont pas cessé de fonctionner depuis la fin des hostilités, mais continuent à travailler comme commissions de reconstructions avec des attributions et des pouvoirs plus étendus.

Le Japon ne reste pas en arrière. Il a déjà fait appel à ses spécialistes et à ses autorités en matière de finances, de diplomatie, de transport et d'agriculture, pour qu'ils fassent bénéficier de leurs efforts intellectuels le développement de l'industrie et la création de nouveaux débouchés.

Les politiques de reconstruction nationale peuvent être groupées sous trois titres principaux : agriculture, industrie et commerce.

## I. — LA NOUVELLE POLITIQUE AGRICOLE

Le blocus anglais des côtes allemandes et l'activité des sous-marins allemands avaient l'un et l'autre pour but primordial de supprimer l'approvisionnement en vivres de l'ennemi ; on désigne généralement cette politique sous le nom de politique d'épuisement. La question d'alimentation est particulièrement vitale en temps de guerre.

L'Allemagne avait reconnu depuis longtemps que la solution du problème alimentaire résidait dans l'agriculture. Quand Bismark était à la tête du gouvernement allemand, il se préoccupait tout particulièrement d'améliorer les conditions agricoles. Nulle peine n'était épargnée pour convaincre son peuple qu'il fallait favoriser l'agriculture, à cause de la situation géographique spéciale de l'Allemagne, et à cause de sa situation politique en Europe. Il faisait remarquer à son peuple le danger qu'il y avait à accorder une prédominance trop grande au commerce et à l'industrie et, comme conséquence, de dédaigner et négliger l'agriculture. Comme moyen de protéger l'agriculture nationale, il fit adopter des droits d'entrée élevés sur les céréales importées de l'étranger.

Comme résultat de ces encouragements et de cette protection inspirés par Bismark, et aussi des recherches pratiques et patientes de son peuple, l'Allemagne a été transformée, de pays relativement aride et stérile en un pays fertile produisant annuellement 61.000.000 de tonnes d'articles d'alimentation. La consommation totale de l'Allemagne avant la guerre était de 65.000.000 de tonnes, il n'y avait donc qu'un déficit de 4.000.000. Elle s'efforçait de combler cette différence par la pratique de l'économie. L'Angleterre est essentiellement un pays commercial et industriel, mais a, heureusement pour elle, des colonies qui sont surtout agricoles. On sait que la production de vivres est grande en Australie, aux Indes et au Canada ; la mère-patrie envoie en échange ses produits manufacturés. La marine de guerre et la marine marchande britanniques sont à même d'effectuer les transports et d'assurer la protection nécessaire. L'Angleterre n'aurait donc pas dû avoir de préoccupations de ce côté-là.

Cependant, la guerre a révélé que ni l'Allemagne, ni l'Angleterre n'avaient su calculer exactement les possibilités sur lesquelles elles avaient compté de se suffire à elles-mêmes en fait de denrées alimentaires. La France, l'Italie, la Russie et l'Autriche se trouvèrent dans une situation encore plus difficile. Les troubles intérieurs en Russie et en Autriche sont dus en partie à une insuffisance des produits alimentaires. L'importance fondamentale de la production intérieure de vivres est une des leçons les plus importantes qui aient été apprises dans les cruels dangers et périls de la guerre. Si un pays ne peut se suffire à lui-même, il est à la merci de l'ennemi. La guerre nous a démontré, avec une force nouvelle, combien il était désirable que les ressources agricoles d'un pays fussent développées au plus haut degré possible dans les limites de son territoire. D'où l'ardent désir d'une plus grande production intérieure et la recherche des moyens de l'encourager.

Le but que les nations poursuivent est donc de se suffire à elles-mêmes. Pour l'atteindre, elles ont attaché de l'importance aux deux moyens suivants :

1° Mise en culture de nouvelles terres ;

2° Augmentation des récoltes.

1° *La mise en culture de nouvelles terres.* — D'après des statistiques antérieures à la guerre, tous les pays d'Europe, à l'exception de la Suède et de la Norvège, avaient plus de 50 % de leur territoire total mis en culture. La France et l'Allemagne en avaient plus de 60 %. Même la Grèce avec ses nombreuses montagnes, et la Suisse avec ses Alpes, en avaient de 30 à 40%. Il est tout à fait certain que pendant la guerre la proportion s'est, en général, accrue. On a dit qu'en Angleterre, en 1917, il y avait 1.000.000 d'acres cultivés et qu'en 1918 il y en avait 2.060.000 de plus. Un spécialiste en matière agricole estime que 3.000.000 d'acres de plus sont nécessaires pour que l'Angleterre puisse se suffire à elle-même. Agissant conformément à ce conseil, le peuple ne néglige aucun effort pour hâter l'avènement du jour où l'Angleterre sera indépendante au point de vue agricole. Il est intéressant de noter que la tradition adoptée par nos anciens empereurs, consistant à se rendre au Temple de l'Agriculture, trouve sa contre-partie dans la célébration du « Labor Day » par le Roi d'Angleterre qui, ce jour-là, plante des pommes de terre dans le jardin royal.

Le même encouragement a également été donné par les gouvernements allemand et français. Depuis 1915, l'Allemagne a prêté à ses cultivateurs plus de 1 milliard 500.000.000 de marks sous forme d'obligations, afin qu'ils puissent augmenter la superficie de production. En France on a donné aux agriculteurs de la zone dévastée des instruments, du bétail, des semences et des engrais pour les encourager à mettre en culture de nouveaux champs. On semble s'être mis spontanément d'accord, dans les nations européennes, pour estimer que la mise en culture de nouvelles terres ou l'extension des terres arables est la seule solution du problème de l'autonomie alimentaire.

2° *L'augmentation de rendement de la terre.* — Les récents progrès de la science agricole ont rendu possible une plus grande productivité du sol. Les méthodes perfectionnées d'engrais de la terre, la sélection des semences, la destruction des insectes, etc..., contribuent à accroître dans une mesure appréciable la quantité de récoltes que peut donner une superficie déterminée. La terre n'était pas fertile en Allemagne, mais ce dernier pays a surmonté ce désavantage naturel par des applications de la science. Les statistiques données par le « World Almanac » de 1913 montrent que la récolte, par acre, obtenue par les cultivateurs allemands était de 12 % supérieure à celle qui était obtenue en Angleterre.

L'Amérique dispose de 804.000.000 d'acres de terres fertiles spécialement appropriées à l'agriculture. Grâce à l'usage des méthodes perfectionnées et à un travail habile, les produits de son sol sont supérieurs à ceux de tout autre pays. La valeur de ses produits agricoles, dans les années normales, est supérieure à 7.000.000.000 de dollars par an. Sa production constitue, en maïs les 4/5 ; en coton les 3/4, et en blé le 1/5 de celle du monde.

Cette tendance à mettre en exploitation de nouvelles terres et à augmenter la production des anciennes, n'est pas limitée à l'Europe et à l'Amérique. Les approvisionnements en riz par l'Annam et par le Siam et par les Indes ayant cessé pendant la guerre, le Japon a dû recourir à ses terres disponibles sur son propre territoire, pour augmenter la production du riz. Le riz est, pour le Japon, ce que le pain est pour le monde occidental.

Les multiples émeutes de ce pays ont attiré l'attention de son gouvernement sur l'importance qu'il y avait à augmenter la production indigène du riz; aussi divers moyens suggérés pour atteindre ce but, entre autres, l'expropriation de terres et la mise en culture de terres en jachères, ont été mis à exécution.

## II. — LA NOUVELLE POLITIQUE INDUSTRIELLE

Trois catégories de mesures vitales sont essentielles pour la renaissance et le développement des nouvelles industries, à savoir : la réglementation de l'exportation des matières premières, l'application de la science à l'industrie, et la coordination des différentes industries par l'action gouvernementale.

a) *La réglementation de l'exportation des matières premières.* — Par suite de la pénurie des matières premières, une réglementation et un contrôle de l'Etat seront nécessaires pendant une période de temps considérable. La non-intervention des gouvernements sera impossible et une commission internationale devra être créée pour répartir les approvisionnements nécessaires. Il existe une telle interdépendance des nations, dans leur vie économique, qu'aucun pays ne peut réaliser sa complète indépendance économique. Se suffire à soi-même absolument est plus facilement réalisé en théorie qu'en pratique. Comme le climat et le sol varient d'un pays à l'autre, aucun territoire ne peut produire des choses de toutes espèces. L'Angleterre, bien que ses colonies se trouvent dans tous les climats, doit cependant recourir au Chili pour les engrais et à la Russie pour le pétrole et le coton. On sait que l'Amérique est sans rivale en ce qui concerne la variété de ses ressources matérielles, et cependant pour la soie, le lin, le thé, l'étain, le caoutchouc et les fourrures, elle dépend d'autres pays.

Nul ne peut donc se suffire à lui-même que dans de certaines limites. Ce qu'une nation peut faire, c'est réglementer l'exportation des matières premières nécessaires à ses principales industries. On peut citer à titre d'exemple l'Amérique qui, au début de sa participation à la guerre a dressé un formidable programme de constructions de bateaux et dut réglementer l'exportation de son acier. D'autre part, le Japon éprouva alors de grandes difficultés, car il était depuis longtemps tributaire des Etats-Unis pour l'acier et cette source d'approvisionnements étant tarie, l'exécution de son programme naval se heurta à des obstacles. Des négociations suivirent et les Etats-Unis demandèrent qu'en échange de l'acier, le Japon construisit des navires sur la base du principe tonne pour tonne. Les mêmes conditions de réciprocité furent exigées du Brésil ; en échange de charbon, ce dernier pays devait fournir du manganèse aux Etats-Unis.

En résumé, développer et protéger ce qu'une nation possède et, avec cela, s'assurer les matières premières essentielles produites dans d'autres pays, telle est la politique qui va devenir inévitable. C'est une mesure nécessaire d'auto-protection.

b) *Application de la science à l'industrie.* — Avant la guerre, l'Allemagne était le pays qui avait utilisé la science au plus haut degré. Cette application de la science fut particulièrement heureuse en ce qui concerne les industries chimiques. Ses produits colorants et médicaux sont répandus dans tous les pays du globe. Depuis le commencement de la guerre, époque à laquelle elle cessa de fabriquer ces articles, les industries textiles et les milieux médicaux ont souffert de la pénurie de ces approvisionnements.

Des sommes d'argent importantes ont été affectées au développement et à l'encouragement, en Europe, des sciences industrielles. Pour montrer qu'il soutient l'industrie chimique, le gouvernement britannique a même acheté des actions d'usines de matières colorantes. Un tel encouragement gouvernemental indique la direction prise par l'application de la science.

c) *Unification et consolidation des industries.* — L'union fait la force, la division signifie la faiblesse. Cela est vrai de toute activité humaine et spécialement vrai d'une organisation industrielle. L'industrie se développa relativement plus tard en Allemagne que dans beaucoup de nations européennes ; néanmoins, avec l'appui et l'aide du gouvernement, elle les a toutes devancées dans la marche du progrès. Les deux procédés qu'elle a adoptés pour unifier ses industries, sont : 1° la fusion des industries similaires ou interdépendantes en une grande compagnie; 2° la fédération ou l'union. Les deux méthodes ont été mises à l'épreuve avec succès.

L'Angleterre, de son côté, suivait depuis longtemps une politique de laisser faire et de non intervention vis-à-vis de ses industries ; l'Etat ne se préoccupait pas de contrôler les industries. Depuis le commencement de la guerre, cependant, il a adopté une politique très différente. Une commission spéciale fut créée pour faire une enquête sur la quantité des matières en réserve, sur le nombre total des ouvriers expérimentés et qualifiés qui étaient disponibles et la quantité des machines importantes qui existaient. Le gouvernement prend maintenant en main la distribution et la répartition de ces matières, de ces ouvriers et de ces machines. C'est là une urgente nécessité en présence de la vive concurrence industrielle et commerciale, tant intérieure qu'extérieure, résultant de la quantité limitée de travail et de capital ainsi que du taux d'intérêt élevé des emprunts. L'unification et la coordination peuvent seules conserver les ressources industrielles et assurer l'efficacité et le succès.

C'est ainsi que la non-intervention gouvernementale a fait place à la réglementation gouvernementale. Il y a des gens qui considèrent la centralisation comme un facteur qui tend à donner au capitalisme un ascendant et une influence exagérés, compliquant ainsi davantage la situation ouvrière. Cette crainte, cependant, n'est pas fondée, car le contrôle commun d'une industrie — ou des industries — signifie l'égalité des droits et des pouvoirs aussi bien pour les employeurs que pour les employés. Grâce à un tel arrangement, on doit compter plutôt sur l'harmonie que sur la discorde. Nous devons savoir que les petites organisations disposant d'un crédit limité et d'un faible capital peuvent difficilement exister dans ce monde de dure concurrence économique. Seules, les grandes compagnies, avec un énorme capital et un crédit illimité, peuvent survivre à la lutte industrielle. La réalisation de cette condition indispensable à l'efficacité et au succès industriels, commence à être comprise des nations. Elles doivent, ou bien suivre ce mouvement ou disparaître du marché mondial ; il n'y a pas d'autre alternative.

### III. — LA NOUVELLE POLITIQUE COMMERCIALE

La guerre a donné un énorme élan au développement industriel ; celui-ci, à son tour, engendre une concurrence plus vive entre les nations. Certains faits indiquent déjà qu'une lutte nouvelle pour les marchés du monde suivra la cessation du conflit armé. Cette lutte sera même plus vive et plus âpre qu'avant 1914 et toutes les nations s'y préparent.

La politique commerciale future devra être gouvernée par des considérations d'indépendance économique. A cet effet, le projet de spécialisation des industries devra être mis à exécution et de nombreuses industries nouvelles devront en conséquence être créées. Toute nouvelle industrie présente, à ses débuts, beaucoup de difficultés. L'industrie naissante est généralement trop faible pour lutter par elle-même contre la concurrence étrangère ; elle doit être soutenue et protégée par le gouvernement. La protection et l'intervention du gouvernement sont devenues une nécessité comme moyen de défense contre une agression économique inutile.

Quel est le principal moyen qu'une nation peut légitimement employer pour protéger ses industries fondamentales, à leurs débuts ? Sans aucun doute, l'arme à employer est le tarif douanier. La question d'une politique commerciale est largement une question de politique douanière. La guerre a créé un nouvel aspect de la politique commerciale des puissances à cet égard. C'est ainsi que l'imposition des droits d'entrée destinés à protéger les industries nationales ne rencontre plus la violente opposition de jadis du peuple anglais. Le gouvernement anglais revise actuellement son tarif douanier pour faire face à des besoins nouveaux. Jusqu'au moment où la guerre éclata, seulement quarante espèces de marchandises étaient frappées de droits d'entrée. Cette liste a maintenant été allongée et une élévation des droits sur les marchandises importées a été généralisée.

Ainsi, il n'est plus toléré que les principes du libre échange, même dans le pays qui, le premier, les avait appliqués, restent plus longtemps un obstacle en face des besoins et des intérêts nationaux.

En Amérique cependant, le pendule a oscillé entre une protection extrême et une politique libérale. Ses industries sont actuellement si bien développées qu'elles n'ont pas besoin de la protection du gouvernement, autant que d'autres pays ; ce qu'elle recherche, ce sont de nouveaux débouchés. Elle doit reviser son système douanier de manière à accorder un traitement favorable aux pays dans lesquels elle compte être bien accueillie et trouver un débouché pour ses produits. Récemment, une commission formée d'économistes éminents a été nommée pour étudier cette question.

Outre la réforme douanière, les états s'efforcent d'étendre leurs débouchés à l'étranger. Les Chambres de Commerce américaines ont établi un bureau spécial chargé de surveiller leur commerce extérieur. Au Japon, une chambre de commerce internationale existe depuis quelque temps.Son rôle est de favoriser le commerce avec les autres pays, surtout avec la Chine et l'Amérique du Sud.

De la discussion qui précède, nous pouvons aisément voir que le principal motif qui est à la base de ces changements dans les politiques commerciales des nations après la guerre, est la défense nationale. Tous les pays luttent énergiquement pour favoriser leur prospérité nationale par le développement industriel. C'est là que réside la paix future du monde, et la prospérité du monde en dépend. Cette politique peut renfermer les germes d'une autre guerre, et, en elle aussi, peut se trouver le fondement d'une paix durable. Tout dépend de l'attitude que les Nations prendront pour opérer leur salut économique ; du point de savoir si elles vont adopter une politique de concurrence amicale ou de rivalité hostile.

---

## CHAPITRE IV

# Réformes de l'Education après la Guerre

Dans les chapitres précédents nous avons examiné, avec quelques détails, les changements et les tendances économiques résultant de la guerre. En dehors du monde économique, l'effet de la grande lutte s'est d'autre part énergiquement manifesté dans le domaine de l'enseignement. La guerre a mis au premier plan de l'attention publique un grand nombre de problèmes d'éducation de première importance. Dans beaucoup de pays, le changement ne constitue rien moins qu'une révolution de tout le système de l'instruction publique.

En premier lieu, la guerre a extraordinairement servi la science et apporté un nouvel encouragement aux études scientifiques. Les multiples inventions et découvertes en armes de guerre ont ouvert de nouveaux domaines de recherche et d'application. C'est là, en effet, la principale raison qui pousse énergiquement les nations à donner une haute importance à l'éducation technique après la guerre.

En second lieu, le développement de l'intelligence moyenne des travailleurs et le progrès des idées démocratiques, ont créé un mécontentement, parmi eux, à l'égard de l'ancien système d'éducation et une demande impérieuse de plus grandes facilités d'instruction pour les déshérités de la fortune.

Tel étant le cas, il ne faut pas s'étonner que l'instruction n'ait rien perdu de l'attention et de l'effort publics, bien que, dans de nombreux domaines de l'activité humaine, il y ait eu un arrêt, ou un mouvement de régression pendant la guerre. En fait, c'est l'inverse qui s'est produit; jamais l'instruction n'a marqué un tel élan vers le progrès. Cela est amplement prouvé par les réformes de l'éducation en France et en Angleterre, dès les premiers jours de la guerre. Au plus fort de la lutte, les deux gouvernements ont été assez prévoyants pour augmenter les crédits affectés aux besoins de l'éducation. Et nous pouvons déduire de là, qu'après le rétablissement de la paix, des réformes plus accentuées seront effectuées dans ce sens.

Aux Etats-Unis, le soin de l'éducation a toujours été laissé aux Etats individuels. Le gouvernement central ne s'est jamais attribué la fonction de favoriser l'éducation si ce n'est en réunissant des statistiques pour les publier. Mais l'Amérique, après la participation à la lutte, a senti le besoin de se départir de cette politique traditionnelle. La guerre a mis vivement en relief les faiblesses caractéristiques de la jeunesse américaine, et des hommes sérieux de ce pays ont déploré le manque de promptitude des jeunes américains, pour se mettre à la hauteur des circonstances. Ils conseillent la transformation du système tout entier de l'instruction en vue de l'adapter à la situation nouvelle. Beaucoup d'entre eux demandent instamment la création d'un conseil spécial chargé de régler les questions d'éducation dans tous les Etats, un conseil semblable au Ministère de l'Instruction publique en Angleterre, et qu'une somme annuelle soit prélevée sur les recettes publiques du gouvernement fédéral, pour subventionner les offices d'instruction des divers Etats. Cette proposition fut énergiquement appuyée par le sénateur Smith, qui suggéra en outre qu'une somme fixe de 10.000.000 de dollars fût consacrée au développement de l'instruction. Elle trouva aussi des partisans et des sympathies parmi les membres de l'Association des Professeurs en Amérique. Au cours d'une réunion qui eut lieu à Chicago, au mois de décembre 1919, cette Association vota une résolution en vue de demander au Président et au Sénat de créer sans délai un Conseil tel que celui qui est mentionné plus haut.

Le professeur Barclay, de l'Université de Colombia, dans son livre l'*Education américaine après la guerre,* entra dans des considérations détaillées sur les défauts des systèmes d'éducation d'Etat et municipaux et sur la nécessité de créer un bureau central pour les coordonner et les unifier.

Nous constatons donc que le sentiment public est très éveillé sur cette question en Amérique, et que la réalisation du projet n'est plus qu'une question de temps.

La nécessité de semblables réformes n'a pas non plus échappé à l'Allemagne. Même au cours de la guerre, cette tendance se manifesta sous forme d'une demande populaire en faveur de l' *Einheitsschule* (Ecole Unifiée), demande préconisée par de nombreux savants et par la grande majorité des professeurs. Il y eut aussi un mouvement en faveur des « Collèges du Peuple » (Universités Populaires), dont la nature sera discutée dans un autre chapitre.

Telle est en résumé l'impulsion donnée par la guerre en matière d'éducation, et telle est la tendance qui en résulte.

Ces réformes de l'éducation se manifestent dans quatre directions, savoir :

1° Encouragement à l'instruction auxiliaire ;

2° Développement de l'instruction démocratique ;

3° Culture des diverses facultés du peuple ;

4° Applications pratiques de la science. Nous envisagerons séparément chacun de ces points.

## I. — INSTRUCTION AUXILIAIRE

Nous avons dit, dans l'Introduction, que la guerre avait augmenté l'influence et amélioré la situation des ouvriers et que, comme conséquence naturelle, ceux-ci réclament maintenant une meilleure éducation pour leurs enfants. La note dominante de leurs déclarations est celle-ci : des facilités égales pour tous.

A cet effet divers gouvernements ont pris des mesures pour développer l'instruction auxiliaire. La principale caractéristique de ce mouvement est la création d'écoles postscolaires.

Les raisons qui rendent nécessaire la création de ces écoles sont au nombre de quatre :

*a*) La grande majorité des fils de familles pauvres qui ont leur certificat d'études primaires n'ont aucune chance d'entrer dans des écoles d'un degré supérieur. Les nécessités économiques les contraignent d'entrer tôt dans la vie active pour gagner leur vie. Lorsque leur esprit et leur caractère sont le plus impressionnable et le plus susceptible d'être formés, ils sont tout particulièrement aptes à prendre de mauvaises habitudes et à succomber aux tentations de leur entourage. A moins qu'il ne leur soit donné l'occasion de développer leur intelligence et de former leur caractère, ils ne sont guère susceptibles de devenir des membres utiles de la Société. D'après des statistiques établies en 1916, la proportion de jeunes criminels, dans les nations belligérantes, s'est accrue sensiblement. C'est là un symptôme de la faiblesse de leur système d'éducation. La formation intellectuelle de ces jeunes gens est donc erronée. Nombreux sont ceux qui commencent à penser que l'instruction publique ne doit pas se terminer avec l'école primaire. Le gouvernement doit veiller à ce que le riche et le pauvre reçoivent de plus grandes facilités pour leur développement intellectuel et moral.

*b*) Les écoles du soir pour les pauvres ont, il est vrai, contribué à écarter les dangers mentionnés plus haut et à remédier à cette insuffisance ; mais, d'elles seules, on peut difficilement attendre beaucoup de résultat. Les soirées ne sont pas des heures favorables pour l'éducation morale et intellectuelle des jeunes ouvriers. La fatigue du travail de la journée réduit naturellement les forces physiques et rend peu ardent au travail intellectuel. En outre, comme la présence à ces écoles du soir n'est pas obligatoire, peu de jeunes gens ont une volonté suffisamment forte pour poursuivre leurs études du soir. Ils sont exposés, non seulement à oublier le peu qu'ils ont appris à l'école primaire, mais encore à décliner moralement et intellectuellement. Que faut-il faire pour remédier à une situation si dangereuse? Pour beaucoup, le remède se trouve dans la création de cours d'études postscolaires.

*c*) Les Nations ont jugé nécessaire de favoriser l'instruction technique pour reconstituer leur outillage industriel et augmenter la capacité de production de leur peuple. Comme les industries deviennent de plus en plus compliquées et spécialisées, une instruction industrielle meilleure s'impose ; autrement il y aurait peu d'espoir de voir ces nations lutter avec succès sur le marché mondial. La formation d'un grand nombre d'hommes convenablement instruits contribuera non seulement à améliorer la production et la répartition des marchandises, mais encore à soulager à la fois les manœuvres et les ouvriers dans leur tâche rendue plus ardue par des circonstances anormales. De tels hommes peuvent fort bien être formés dans les cours d'études postscolaires.

En raison de ce qui précède, beaucoup de gouvernements européens ont fini par comprendre qu'une instruction auxiliaire libre est un besoin pressant. Un projet de loi en quarante-sept articles concernant les réformes de l'enseignement a été déposé au Parlement anglais en 1917. Un des articles dispose que tous les garçons de quatorze ans qui ont terminé leurs études primaires, mais n'ont pas les moyens d'entrer dans des écoles secondaires, devront poursuivre leur instruction dans des écoles complémentaires, au programme desquelles figurent la culture physique, la littérature anglaise, l'histoire, la géographie, l'économie politique et la sociologie.

Le but principal de ces écoles est de développer l'intelligence de l'enfant et de former son caractère, afin qu'il puisse devenir un citoyen utile et un bon ouvrier. L'instruction doit être donnée pendant la journée et tout employeur doit réserver à ses jeunes employés une journée ou deux demi-journées par semaine, pour leur permettre de suivre les cours et leur laisser assez de loisirs pour leurs travaux intellectuels. Le même article prescrit qu'après sept ans la limite d'âge sera portée de 16 à 18 ans.

Une réforme identique a été réalisée en France. Une loi récente votée par la Chambre des Députés oblige tous ceux qui ont obtenu leur certificat d'études primaires à passer par deux stades d'études complémentaires. Le premier va de 13 à 17 ans pour les garçons, et de 13 à 16 ans pour les filles ; le second va de 17 à 20 ans pour les garçons et de 16 à 18 ans pour les filles. Ils doivent suivre, en tout, deux cents heures de cours par an. Le programme des cours comporte les matières suivantes : littérature française, culture physique, géographie, économie politique, commerce et agriculture. A la fin de la seconde période, ils devront passer un examen et ceux qui l'auront subi avec succès seront considérés comme ayant acquis l'instruction publique requise.

L'instruction complémentaire libre fut introduite en Allemagne dès 1876 ; et en 1906, il n'y avait pas moins de cinquante-deux écoles complémentaires. En 1907 une loi exigea que chaque garçon et chaque fille suivît complètement un programme d'études pendant huit ans.

Sous le régime actuel, tout élève de 14 ans ou au-dessus ayant son certificat d'études primaires, doit entrer dans une école publique pour y continuer ses études pendant trois autres années. Il est donc évident que, depuis longtemps, le système des écoles complémentaires est appliqué en Allemagne.

Aux Etats-Unis, la ville de Boston et l'Etat d'Indiana ont également adopté le système des écoles complémentaires. New-York suivra prochainement le même exemple.

Dans son assemblée annuelle, la section de New-York de la Fédération Américaine des Travailleurs a décidé d'adresser au gouvernement de l'Etat une pétition demandant l'introduction de ce système. Cette résolution prépare les voies à des pétitions semblables de la part de syndicats ouvriers d'autres états.

Une pression sera tôt ou tard exercée sur le gouvernement de tous les Etats en vue d'une réforme semblable en matière d'instruction.

## II. — INSTRUCTION DÉMOCRATIQUE

L'instruction démocratique est basée sur le principe de la démocratie et de l'égalité des moyens. Le renversement des gouvernements autocratiques et bureaucratiques auxquels fut substitué le règne de la volonté populaire est un des effets de la guerre mondiale qui marquent une époque. A aucune époque de l'histoire jusqu'à ce jour, les peuples n'ont été aussi conscients de leurs possibilités de développement et de la portée du *self-government* : cela est spécialement vrai en ce qui concerne les travailleurs. Ils commencent à comprendre que pour jouer un rôle plus important dans le corps politique, ils doivent d'abord s'instruire eux-mêmes, et instruire leurs enfants. C'est pourquoi ils comprennent parfaitement la nécessité de l'enseignement et la nécessité de démocratiser leur système d'enseignement.

Tous les éducateurs sont d'accord aujourd'hui pour admettre que les ouvriers doivent non seulement recevoir un apprentissage technique, leur permettant de gagner leur vie comme ouvriers salariés, mais encore qu'il faut leur fournir les possibilités de développer leur esprit et former leur caractère, afin qu'ils puissent devenir des citoyens libres et indépendants dignes d'une Société civilisée.

En 1907, des délégués des Syndicats ouvriers et des

Universités anglaises se réunirent à Oxford, et fondèrent un comité ayant pour but la création d'un collège pour travailleurs ressemblant au « Collège du Peuple » en Allemagne. Au cours de l'automne de la même année deux écoles de cette catégorie furent créées. Depuis lors, le nombre d'établissements d'instruction supérieure pour les ouvriers s'est accru avec une étonnante rapidité ; à tel point qu'il n'y avait pas moins de 145 de ces collèges en 1914, avant l'ouverture des hostilités. Naturellement, pendant la guerre, par suite des engagements dans l'armée, le nombre des élèves de ces écoles diminua ; mais dès que les soldats furent graduellement démobilisés après l'armistice, le nombre des élèves atteignit un niveau plus élevé qu'avant la guerre. La raison de cet accroissement ne doit pas être cherché bien loin.

Le gouvernement anglais, préoccupé de la grave situation que faisait naître le nombre de soldats sans emploi, estima opportun et nécessaire d'en envoyer un grand nombre dans ces institutions ; d'où l'augmentation marquée du nombre d'ouvriers inscrits dans ces écoles.

A cette occasion, il importe d'expliquer brièvement l'organisation de ces écoles en Angleterre. Chacune d'elles est rattachée à une Université. Son administration est entre les mains d'un comité de contrôle composé de délégués des Syndicats ouvriers et de l'Université affiliée. Les charges financières incombent pour partie au Ministère de l'Instruction et pour le surplus à l'Université et au Syndicat ouvrier. Le programme des études comprend l'économie politique, la philosophie, la psychologie, l'histoire et la littérature. Tout salarié, quel que soit son âge ou son sexe, peut être admis. Il n'est pas exigé d'examen pour l'entrée dans ces écoles et il n'est pas délivré de diplôme. La période scolaire va d'octobre à avril et le cours complet est de trois ans. Vingt-quatre leçons sont données pendant l'année ; chaque leçon a une durée de deux heures, dont une est consacrée à une conférence par un professeur et l'autre à la discussion de la question qui a fait l'objet de la conférence. Le caractère le plus remarquable de ces écoles, est l'esprit d'autonomie qui s'y est développé; à lui seul, il constitue une justification suffisante de leur existence et une preuve de leur valeur.

L'organisation des « Collèges du Peuple » en Allemagne est quelque peu différente des écoles pour ouvriers en Angleterre. D'abord, ils ne sont pas affiliés à des Universités. Ils sont habituellement situés dans des endroits pittoresques dans les faubourgs des villes de manière à être d'un accès facile pour les centres industriels et commerciaux. On estime qu'en les plaçant dans des localités qui ne sont pas contaminées par les influences de l'industrialisme, on peut atteindre de meilleurs résultats qu'à l'aide de simples écoles complémentaires. On insiste sur des matières telles que l'histoire, la littérature, les réformes sociales, la morale, la philosophie et la religion (dans le sens le plus large de ce terme). Des hommes érudits sont invités à y faire des conférences. La session dure d'avril à juin. Pendant cette période, les ouvriers peuvent se soustraire au bruit et au mouvement des villes ainsi qu'à la malpropreté et à la poussière des usines, pour jouir de la beauté du paysage, tout en se plaçant sous la direction des plus grands penseurs et savants de leur pays.

De telles facilités feront beaucoup pour développer la largeur de vues et la personnalité des ouvriers. Les buts à attendre sont d'ordre moral et spirituel plutôt que d'ordre utilitaire ou intellectuel. On cherche ainsi à former un noyau de travailleurs qui retourneront parmi les leurs avec des connaissances et des vues nouvelles dont ils porront faire profiter leurs camarades pour la solution des problèmes qui les intéressent. Les adeptes et les défenseurs dévoués de ce système ont formé un Comité, au mois de septembre 1918, pour faire progresser le mouvement et fonder un plus grand nombre de ces institutions. Parmi les membres de ce comité se trouvent de nombreuses personnalités influentes de l'enseignement.

Nous voyons ainsi que le mouvement destiné à donner aux ouvriers plus de facilités pour s'instruire a eu un bon début, ce qui fait présager son expansion, non seulement en Angleterre, en France, en Allemagne et aux Etats-Unis, mais encore dans les autres Etats d'Europe.

Outre ces innovations, il y a une autre caractéristique de cette réforme en matière d'instruction en Allemagne : les écoles d'hiver. Elles présentent des analogies avec les écoles d'été en Angleterre et en Amérique. Leur raison d'être est la même que celles des Collèges du Peuple. Alors que les Collèges du Peuple donnent aux ouvriers des facilités d'instruction pendant leurs vacances d'été, l'école d'hiver sert aux jeunes ouvriers agricoles et autres qui disposent de loisirs en hiver. Les matières enseignées comprennent la poésie, le théâtre, la philosophie, l'histoire et les problèmes religieux. Dans certains de ces collèges l'influence religieuse est particulièrement grande, car de nombreux pasteurs protestants s'intéressent vivement au mouvement. Dans la ville de Liebenzwll, située à 20 milles à l'ouest de Stuttgart, un internat organisé sur ces bases fut ouvert l'hiver dernier. Il est probable que des établissements analogues seront créés dans toutes les provinces de l'Allemagne.

## III. — LA CULTURE DES FACULTÉS DU PEUPLE

Jusqu'ici nous ne nous sommes occupés que des méthodes destinées à populariser et démocratiser l'instruction publique, qui vise à mettre à la portée de tous les citoyens des facilités pour développer leur culture morale et intellectuelle. Nous aborderons maintenant l'examen des buts et des objets qui ont poussé à ces réformes.

Les deux buts principaux qui ont été poursuivis sont

la culture des différentes facultés du peuple et l'application pratique de la science.

Dans ce monde à civilisation complexe, la force et la stabilité d'une nation dépendent de ses citoyens, non seulement lorsque, en temps de guerre, ils peuvent être appelés à défendre leur pays, mais particulièrement en temps de paix, quand il est fait appel à leurs facultés diverses, pour développer son industrie et son commerce. Enrichir la mère-patrie, lui permettre de lutter avec succès sur les marchés du monde, et, par dessus tout, de se suffire à elle-même, telles sont les exigences de la sécurité nationale. Les nations commencent à voir que cette sécurité exige non seulement la culture des facultés et des aptitudes si variées des individus, mais encore le développement des facultés essentielles qui tendent au progrès du confort et de la prospérité nationale. Ne pas donner une importance exagérée à quelques-unes, mais donner la même importance à toutes, est aujourd'hui une des tendances primordiales des réformes pédagogiques en Europe.

En Angleterre, le peuple jouit depuis des siècles de la liberté politique et industrielle. C'est pourquoi, avant la guerre, le service obligatoire, quoique adopté par beaucoup de pays du continent, n'y avait jamais été en faveur. Ce ne fut que lorsque la formidable armée ennemie était pour ainsi dire à ses portes, au plus fort de la grande lutte, que l'Angleterre comprit son infériorité en matière de préparation militaire. Ce fut seulement après l'appel le plus pressant du Roi et les exhortations pathétiques du chef du Bureau de Recrutement, que le gouvernement osa envisager la promulgation d'une loi qui créait l'enrôlement obligatoire. La guerre fut presque une surprise pour l'Angleterre et comme conséquences, les nouvelles recrues firent preuve d'une préparation militaire insuffisante. Pendant un certain temps les chefs de l'armée britannique eurent à faire face à de graves difficultés pour obtenir des nouvelles recrues une prompte obéissance et le respect de l'autorité. Ce fut une leçon amère pour le peuple anglais. Des hommes réfléchis, aux vues lointaines, en sont arrivés à cette conclusion que, lorsqu'il sera procédé à la reconstruction, le système d'éducation anglaise devra être radicalement transformé pour répondre aux nécessités de la protection nationale. Il faudra enseigner à la jeunesse des écoles anglaises que la discipline et le respect de l'autorité sont utiles et nécessaires afin que, lorsque les jeunes gens seront appelés à accomplir leurs devoirs militaires, en cas de danger national, ils ne soient pas au-dessous de leur tâche dans la lutte pour l'existence. L'insuffisance de discipline militaire a déjà entraîné des souffrances inouïes pour le peuple qui ne veut pas que la même expérience douloureuse se répète. On peut voir cette volonté dans le fait que le Ministre de l'Instruction publique propose des mesures énergiques pour remédier aux dangers d'un tel manque de préparation à l'avenir. Pour être prêt à la lutte, il ne faut pas seulement de l'argent et des hommes, il faut aussi une préparation militaire.

Le Japon est un des pays qui n'ont pas tardé à se rendre compte de cette nécessité. Il a compris que la victoire, dans la guerre moderne, exige une préparation militaire dans les écoles. Depuis la réforme de Meij, il n'a négligé aucun effort pour former une armée sur les bases modernes, et il est assez sage pour donner une haute importance au moral de ses soldats. Sa victoire sur les Russes l'a élevé au rang de Puissance mondiale et a donné la preuve de sa supériorité et de son efficacité à ce point de vue.

Les Puissances n'ont pas, d'autre part, oublié que les moyens scientifiques étaient indispensables comme élément du succès militaire. Les aéroplanes, les sous-marins, les obusiers, les chars d'assaut, les bombes, les gaz délétères, les mitrailleuses, les masques contre les gaz et autres armes militaires eussent été impossibles si les nations belligérantes ne s'étaient consacrées à de longues recherches scientifiques. Même en temps de paix, le léveloppement des arts industriels et la fabrication de produits commerciaux doivent beaucoup au génie inventif du peuple. Un tel génie d'invention ne peut être favorisé que si il existe des laboratoires et des écoles techniques offrant des facilités à ceux qui ont une tournure d'esprit scientifique. C'est pourquoi les gouvernements encouragent de plus en plus les recherches scientifiques. Un grand nombre de laboratoires de chimie ont été fondés et un grand nombre d'expositions scientifiques ont été organisées. Le Japon a même consacré 30.000.000 de yens à la subvention de différents laboratoires et à des expositions de cette nature dans son propre pays.

L'Amérique ne méprise plus la science et la préparation militaires. Comme il a été dit dans l'Introduction, elle a déjà rendu obligatoire cet enseignement dans ses écoles. D'autre part, une politique plus pacifique est adoptée en Allemagne ; celle-ci a fini par comprendre que la puissance militaire ne peut, à elle seule, maintenir l'existence nationale et elle tourne actuellement son attention vers le développement de ses intérêts économiques et diplomatiques.

Une question très intéressante se pose dans cet ordre d'idées. Comment se fait-il que l'Amérique, qui a été une nation pacifique, impose maintenant l'instruction militaire à ses étudiants, alors que l'Allemagne qui, pendant longtemps, avait été une nation animée de desseins belliqueux, encourage actuellement l'étude de l'économie politique et de la diplomatie? L'explication ne peut résulter que du fait que, afin de maintenir l'intégrité et la force nationales, à la fois en temps de paix et en temps de guerre, une nation ne doit pas être à même de se suffire à elle-même seulement dans un ou deux domaines, mais encore dans le plus grand nombre de domaines. Il n'est pas douteux qu'une des directives dominantes du monde, actuellement, en matière d'instruction, est de développer les diverses facultés du peuple. La concurrence industrielle et commerciale en temps de paix et les méthodes scientifiques de lutte en temps de guerre font, de l'adoption de cette politique, une nécessité impérative. La nation la plus apte à survivre, dans le monde moderne, est celle dont les citoyens possèdent non pas un des éléments de grandeur ou de force, mais tous les éléments qui sont nécessaires pour faire face avec succès aux divers besoins qui naissent des conditions changeantes du monde.

### IV. — IMPORTANCE DES APPLICATIONS PRATIQUES DE LA SCIENCE.

Nous nous sommes appesantis sur la tendance croissante qui existe aujourd'hui de développer la culture des diverses facultés du peuple. Or, quels genres de facultés faut-il développer ? Quelles sortes d'aptitudes faut-il cultiver ? La réponse est simple : ce sont les qualités qui sont susceptibles d'une application utile et pratique qui doivent être développées ; il ne faut pas attacher trop d'importance à celles qui ne contribuent pas directement à la force du pays. Par exemple, les classiques anciens étaient vénérés depuis longtemps dans toutes les anciennes universités aglaises : Oxford, Cambridge et d'autres vieilles universités ont longtemps exigé de leurs étudiants la connaissance du latin et grec. Ces langues, bien que mortes, ont une incontestable valeur de formation, et personne ne met en doute leur importance comme moyen de discipliner l'intelligence et de raffiner l'esprit. Mais, pour l'étudiant moyen, ces études n'ont pas d'utilité pratique immédiate. Elles ne rémunèrent pas pleinement le temps qu'on y a consacré ; elles sont sans portée pour la vie journalière. Pourquoi donc les étudiants consacrent-ils une si grande partie de leur temps à ces langues anciennes, négligeant d'autant les sujets modernes ?

L'opinion publique anglaise désapprouve chaque jour davantage une exagération des études classiques et l'on peut constater que l'ancienne conception d'un enseignement surtout historique s'évanouit lentement. C'est là bien certainement un signe de progrès dans la conception anglaise de l'enseignement. En Amérique, le mouvement est encore plus accentué. Beaucoup de professeurs se plaignent de la méthode adoptée pour l'étude de l'histoire. Ils sont d'avis que les étudiants devraient étudier d'abord l'histoire contemporaine, puis l'histoire du Moyen-Age et enfin l'histoire ancienne, renversant ainsi purement et simplement l'ordre actuellement adopté. Des trois parties de l'histoire, c'est l'histoire ancienne qui se rattache le moins à la vie moderne, tandis que l'histoire moderne ou contemporaine est intimement liée aux événements présents. L'histoire contemporaine embrassant des faits plus près de nous, est plus intéressante pour l'étudiant. C'est pourquoi il n'y a pas de raison de mettre celui-ci tout d'abord en contact avec les faits arides d'un passé dont il peut à peine comprendre la signification, pour n'aborder que plus tard l'examen d'événements plus rapprochés. La logique impose que l'on passe du plus proche à l'éloigné, et de ce qui est intéressant à ce qui ne l'est plus; et cependant cette vérité n'a été reconnue que récemment. Il est d'importance vitale pour la prospérité d'une nation que ses citoyens aient une compréhension claire de la marche des événements dans le monde, afin qu'ils puissent mieux comprendre la place qu'ils occupent dans leur propre pays et qu'ils puissent ainsi jouer intelligemment leur rôle dans l'accomplissement de leur destinée nationale.

La même méthode est également suivie dans l'étude de la physique et de la chimie. Au lieu de partir des principes généraux et des hypothèses, l'étudiant apprend d'abord comment on fait des allumettes, du savon et autres objets de première nécessité dont l'emploi est journalier; il faut stimuler sa curiosité par les applications pratiques de la science, avant d'en arriver aux lois et phénomènes physiques. Le Dr Dervey, qui a donné des conférences en Chine, sous les auspices de l'Université gouvernementale de Pékin, est un partisan convaincu de cette manière de procéder, et dans les différents centres d'enseignement où il a fait des conférences, il a toujours insisté sur ce même point.

La France a créé une Ecole spéciale pour l'étude des sciences appliquées et les travaux de recherches ; d'autre part, l'Allemagne et le Japon, tous deux adeptes convaincus du matérialisme, n'ont naturellement pas tardé à apporter des modifications analogues, dans ce domaine du progrès en matière d'enseignement.

Tout cela contribue à prouver que la réforme de l'enseignement se fait dans le sens d'une application pratique de la science. La science est infinie, mais le temps et l'énergie de l'homme sont limités. Des idées nouvelles surgissent tous les jours. Il est donc nécessaire de limiter nos efforts à des connaissances pratiques plutôt qu'à des études théoriques.

Les quatre caractéristiques des réformes en matière d'instruction examinées dans ce chapitre — à savoir : l'instruction complémentaire, l'enseignement postscolaire, l'importance du développement des diverses facultés et l'importance de l'application pratique de la science, tendent toutes vers un même but : fortifier les facultés morales et intellectuelles du peuple qui permettent de faire face à la situation mondiale. Le peuple doit être préparé intellectuellement, moralement et pratiquement, de telle sorte que dans le cas de danger national, il soit prêt à y faire face, au lieu d'être surpris par les événements. Le manque de préparation, en effet, a été une des dures leçons que la guerre a données aux nations belligérantes et celles-ci ne doivent maintenant épargner aucun effort pour accomplir les réformes destinées à assurer leurs chances de succès et de victoire dans une guerre future. Et parmi ces réformes, celles qui concernent l'enseignement sont essentielles. C'est pourquoi la sauvegarde de l'intégrité nationale et l'encouragement de la prospérité nationale constituent le but fondamental de la nouvelle réforme de l'enseignement.

DEUXIÈME PARTIE

---

# LE PASSÉ ET LE PRÉSENT DE LA CHINE

---

## CHAPITRE PREMIER

# L'Ancienneté de la Civilisation et l'organisation économique

Après avoir fait un tableau d'ensemble de la politique suivie par les nations occidentales pour leur reconstitution après la guerre, nous avons à considérer les conditions dans lesquelles se trouvait, dans le passé, et se trouve, actuellement, notre propre pays, dans l'espoir que, par l'expérience des autres et par la nôtre, nous pourrons améliorer notre situation dans la Société des Nations. Possédant une des civilisations les plus anciennes encore vivantes, et étant un des pays les plus peuplés, la Chine mérite une place de premier rang dans cette société. On admet généralement deux, au moins, de ses caractéristiques nationales, à savoir : les vertus de son peuple et l'antique développement de son système agricole. Les premières assurent la stabilité des bases de l'organisation nationale, et la seconde la prospérité de la nation. C'est pourquoi ces deux caractéristiques ont logiquement été mises en relief, dans la longue histoire de la nation. Cette conception de l'Etat fondé, pour partie sur les mœurs du peuple et pour partie sur la richesse de la matière, trouve un cas analogue aujourd'hui en Occident dans le développement simultané, tant de l'industrie que de l'instruction.

## I. — CARACTÉRISTIQUES NATIONALES DU PEUPLE CHINOIS

On dit de la race latine qu'elle est généralement intelligente, tandis que les Saxons sont réservés et les Allemands vaillants et belliqueux. Les Chinois, d'autre part, sont connus pour leurs qualités morales. De temps immémorial, on leur a enseigné à être bienveillants, loyaux et sincères, travailleurs et sobres. Mais la note dominante que font entendre les philosophes et les moralistes chinois est toujours celle de la bienveillance. De ce mot, qui comprend tout, on a tiré des préceptes qui régissent toutes les relations de l'individu avec ses semblables, et notre littérature y fait de multiples allusions. Confucius, par exemple, dit : « Un homme bienveillant ne néglige jamais ses parents. Lorsqu'un homme bienveillant désire s'établir, il cherche également à en établir d'autres ; celui qui cherche à s'édifier, cherche aussi à édifier les autres ». — « Celui qui pratique la bienveillance est apte à gouverner un empire ». Il y a d'autres adages caractéristiques dont quelques-uns sont cités ici ; tels que : « Les personnes âgées doivent être assistées jusqu'au jour de leur mort, tandis que ceux qui sont valides doivent être employés à des tâches utiles Il faut aider les jeunes à se développer naturellement. S'il y a surplus de produits, il ne faut pas les cacher dans le sol, mais les distribuer ou les vendre à autrui. Et s'il y a excédent de force ou de richesse, il ne faut pas les gaspiller au profit d'un seul individu, mais les employer à adoucir le sort de ceux qui sont dans le besoin. » Et, devançant pour ainsi dire les doctrines modernes de la Démocratie et du républicanisme, nos sages ont enseigné de bonne heure que le pays est la propriété du public et qu'il ne doit être administré que par des hommes vertueux et capables.

L'histoire et la littérature chinoises abondent en exemples de loyauté. En fait, le culte chinois du devoir public est aussi intense que le patriotisme occidental. Ainsi, lorsque l'empereur Yu, qui devint plus tard le fondateur de la dynastie Hsia (2205-1783 avant J.-C.), fut appelé à lutter contre la grande inondation du Fleuve Jaune (connue depuis lors sous la désignation de « Malheur de la Chine »), il entreprit sa tâche ardue quatre jours après son mariage. Pendant huit longues années, il se consacra sans relâche à cette besogne et, bien qu'il eut passé trois fois devant la porte de sa maison, entendant même crier son enfant, il n'y entra pas une seule fois avant que sa tâche ne fût achevée. Ce n'est pas le seul cas ou un homme oublie complètement ses intérêts personnels dans l'accomplissement de ses devoirs envers la nation ; l'histoire chinoise est pleine d'exemples d'hommes qui préfèrent mourir avec leurs souverains plutôt que de vivre dans le déshonneur.

En ce qui concerne la sobriété et la persévérance du peuple, elles sont bien connues en Occident. Les Chinois sont patients, travailleurs et désintéressés à un point presque inconcevable pour ceux qui ne sont pas en contact avec eux.

Ces qualités de générosité, de loyauté, de sobriété et d'ardeur au travail, pour lesquelles les Chinois sont réputés, sont le résultat d'une longue éducation ininterrompue. Dans l'organisation de l'enseignement, à l'époque reculée de la dynastie Chow (1125-255 avant J.-C.), il y avait quatre collèges situés respectivement au Centre, au Nord, à l'Est et à l'Ouest ; au-dessous de ces collèges, il y avait des écoles ordinaires réparties dans tout le pays. Tout garçon, quel que fût son rang social, devait entrer à l'école commune, dès l'âge de huit ans ; les fils de l'Empereur et des fonctionnaires, ainsi que les jeunes gens du peuple qui se montraient inintelligents, devaient à l'âge de quinze ans entrer dans un collège ; on devança ainsi, en Chine, le système de l'enseignement général et obligatoire, pratiqué aujourd'hui dans les nations occidentales. Dans les écoles communes, on enseignait aux élèves à classer les différents objets au point de vue de leurs qualités et de leur valeur, et aussi à nettoyer et balayer les planchers, en vue principalement de leur inculquer l'esprit d'économie et de travail. Au collège, on leur enseignait les six vertus et les six arts, afin de développer le sentiment de loyauté et de bonté. Les six vertus étaient: la sagesse, la bonté, la bienveillance, la droiture, la loyauté et l'harmonie. Les six arts étaient : le droit, la musique, le tir à l'arc, l'équitation, la sémantique et les mathématiques. L'élève apprenait aussi à être sincère et véridique et à aimer son prochain. En un mot, les vertus morales étaient tenues en plus haute estime que la pure bravoure physique.

Plus tard, malgré des changements de détails, on continua à donner de l'importance aux vertus morales. Par exemple, au cours de la période la plus florissante de la dynastie Tang (627-650 de l'ère chrétienne), l'Académie Impériale des Sciences appelée Kuo-Tzu-Chien, était divisée en quatre sections collégiales, dans lesquelles la morale était considérée comme la branche la plus importante des études. On a dit qu'il y avait dans l'Académie plus de trois mille étudiants, qui étaient presque à tous égards, capables et vertueux, et le total des étudiants inscrits, y compris les candidats venus de Corée et du Japon, s'élevait à huit mille. Il y avait aussi un système « d'élections » d'après lequel différents districts recommandaient à l'Empereur, pour les fonctions publiques, des hommes capables et vertueux. L'enseignement des collèges et les élections locales se complétaient mutuellement, mais de part et d'autre on donnait la plus grande importance aux vertus morales.

Bien que l'Académie Impériale existe encore aujourd'hui, jamais elle n'a été aussi florissante qu'à cette époque. Ce changement doit être attribué à l'introduction des examens au concours ou système Ko-Chü. Le système des « élections » ne donnait aucune règle fixe pour la recommandation des candidats. C'est pourquoi les empereurs de la dynastie Sung (960-1277 avant J.-C.), abolirent les élections, écartèrent l'Académie Impériale, et les remplacèrent par le système des concours. Les examens devaient fournir à la fois des savants et des hommes d'Etat pratiques, et ils eurent lieu périodiquement pendant les dynasties suivantes jusqu'à l'adoption du régime moderne de l'enseignement. Devenus inutiles et routiniers par la suite, ils n'en ont pas moins servi un but utile dans le passé.

En outre, l'instruction chinoise reposait si solidement sur des bases morales que, malgré le caractère tout littéraire de ses examens, l'enseignement a survécu jusqu'à ce jour dans l'éducation familiale et dans les écoles privées.

## II. — DÉVELOPPEMENT PRÉCOCE DU SYSTÈME AGRICOLE.

Inventée par Shen-Nung, un des Empereurs de la Période Légendaire (2852-2355 avant J.-C.), adoré aujourd'hui sous le nom de « Dieu des Céréales », l'agriculture chinoise est certainement la plus ancienne du monde. Cela est dû, en premier lieu, aux conditions géographiques du pays et, en second lieu, à l'habileté de nos ancêtres, qui savaient utiliser pleinement la terre et les rivières. Nés dans la Vallée du Fleuve Jaune, les premiers gouvernants de la race chinoise établirent leur capitale sur ses rives. Ils se déplacèrent graduellement de l'Ouest à l'Est, remplaçant les aborigènes dans leur marche, et s'établirent dans des régions propres à l'agriculture. Chi-Shan, où Shen-Nung cultiva, le premier, les céréales pour nourrir le peuple, étant une colline située dans les environs de la ville moderne de Chi-Hsien (Honan), également dans le bassin du Fleuve Jaune. Ce ne fut que sous le règne de Huangti que le fleuve Yantze fut découvert. Le grand Empereur, navigant le long des côtes de la Mer Occidentale, arriva à l'embouchure du fleuve et explora ensuite toute la vallée jusqu'aux montagnes de Kunlun. Comme les vallées des deux fleuves contiennent des plaines fertiles propres à l'agriculture, nos ancêtres renoncèrent de bonne heure à la vie nomade, comme cela n'était que très naturel, et se consacrèrent aux travaux de l'agriculture.

D'après les géologues modernes, les deux côtes de l'Atlantique sont riches en charbon et en fer, tandis que celles du Pacifique conviennent à l'agriculture et à l'élevage du bétail, c'est pourquoi les industries manufacturières se développèrent-elles plus tôt et mieux dans les premières régions et l'agriculture dans les dernières. Naturellement ces avantages ne sont que relatifs, et l'on sait généralement que la Chine est également riche en ressources minérales, mais cette théorie est suffisante pour corroborer notre affirmation d'après laquelle les conditions géographiques de notre pays sont favorables au développement de l'agriculture.

Si importants que soient les avantages naturels, il est également nécessaire de savoir les utiliser. Les empereurs Shen-Nung, Hou-Chi et Yü se consacrèrent tous trois à l'étude de la nature des plantes et des minéraux et spécialement des différents terrains. Le chapitre « Yü-Kung », dans le Livre des Anecdotes, contient une étude complète des espèces et valeurs de terrains dans les « neuf districts » soumis à la domination de l'empereur Yü, et il peut être considéré comme le premier traité de géologie qu'un homme ait jamais composé. De même, le livre « Pengtsao », publié par Shen-Nung, qui traite de la flore et de la faune de Chine à cette époque, ainsi que des nombreuses espèces de minéraux, peut être considéré comme le premier livre d'histoire naturelle qui ait jamais été utilisé par nous comme traité de médecine. Il est donc tout à fait exact de dire, comme l'on dit certains historiens, que le développement des sciences naturelles en Chine a toujours été lié à la pratique de l'agriculture.

Disposant de manuels aussi précieux comme base d'études, les savants et les hommes d'Etat se livrèrent plus tard à des recherches plus approfondies, et ils promulguèrent des ordonnances spéciales en vue d'accroître le rendement de l'agriculture. A cet effet, la terre fut divisée en cinq grandes catégories principales, avec de nombreuses subdivisions, et l'on fit connaître au peuple les terres qui étaient le mieux appropriées aux différentes espèces de produits. Il y avait des fonctionnaires chargés d'analyser et de déterminer la nature des différentes terres, de protéger les forêts et le gibier, de dresser les cartes des montagnes et des fleuves, ainsi que de grouper et d'étudier les produits naturels des districts particuliers. Le philosophe et homme d'Etat Kuantzu a fait une étude approfondie de la valeur de l'eau au point de vue des irrigations dans les différentes parties du pays. A certains endroits, l'eau convenait à l'irrigation de certaines terres et à la culture de certains produits ; ailleurs, elle était bonne pour certaines autres. L'histoire fournit de multiples preuves que cette science de l'irrigation fut utilisée pour mettre en culture des terres en jachère ou pour en faire des plaines fertiles. Grâce à ces mesures, prises il y a des milliers d'années, nous trouvons actuellement plus de cinq millions d'habitants qui récoltent des riches moissons dans le Szechuen, l'une des nombreuses régions mises en valeur par l'irrigation.

Un autre résultat de ce précoce développement du système des irrigations, a été la construction du « Grand Canal », l'un des deux plus grands ouvrages d'art réalisés en Chine. Ce grand canal servait à irriguer les provinces qu'il traversait et facilitait en même temps le transport du riz à Pékin, siège du gouvernement central, depuis le temps de Kublaï-Khan jusqu'à nos jours. De Tientsin à Hangchow vers le sud, il n'est pas une parcelle de terre sur les deux rives qui ne soit couverte de thé, de lin ou de mûriers. Le peuple, aussi bien que le gouvernement, firent tout leur possible pour développer l'industrie agricole. Même en établissant le calendrier, les astronomes du gouvernement choisissent un grand nombre de dates convenant spécialement à divers travaux agricoles, et celles-ci sont, chaque année, portées à la connaissance du peuple. Les « Jours pour la culture » ont toujours été régulièrement respectés, et nul cultivateur ne peut être contraint de travailler ailleurs lorsqu'il est occupé à labourer ou à moissonner.

Le système qui régit la propriété foncière a une très longue histoire et ne peut être traité dans un petit livre comme celui-ci. Résumant son développement aussi succinctement que possible, on peut distinguer deux périodes principales dont la ligne séparative se place à la fin de la dynastie Chow (1122-221 avant J.-C.). Avant cette époque, le système du champ commun était en vigueur. Une parcelle carrée, dont l'étendue a varié sous les diverses dynasties, était généralement divisée en neuf champs et donnée à huit familles pour le cultiver. Le champ du centre était ordinairement réservé au Roi ou au seigneur féodal, suivant le cas. Le gouvernement pouvait attribuer un de ces champs à tout sujet mâle, âgé de vingt et un ans, et celui-ci devait le restituer à l'âge de soixante ans. En échange de ce privilège, il devait abandonner au gouvernement un dixième du produit de sa terre, conformément à la loi de la dynastie Hsa (2205-1783 avant J.-C.), ou consacrer une partie de son travail au champ réservé au Gouvernement, sous la dynastie Yin (1783-1122 avant J.-C.). Sous la dynastie Chow, les deux systèmes étaient pratiqués concurremment, le premier, dans les régions éloignées du siège du gouvernement ; le second, dans celles qui en étaient rapprochées. La dimension de chacun des neuf champs était de 50 *mou* sous la dynastie Hsa ; de 70 *mou* sous la dynastie Yin et 100 *mou* sous la dynastie Chow. Comme un mou n'est que d'environ un sixième d'acre, les exploitations étaient, en moyenne, fort petites.

Ce système était praticable lorsque de nouvelles terres étaient continuellement découvertes, plus rapidement ou tout au moins aussi rapidement que l'accroissement de la population. Mais, vers la fin de la dynastie Chow (221 avant J.-C.), des terres nouvelles étaient difficiles à trouver, car la population augmentait et se déplaçait vers le bord de la mer à l'Est et au Sud et vers les régions arides au Nord et à l'Ouest. Il fut en conséquence nécessaire d'abandonner le système du champ commun et d'adopter les champs clos. La terre publique, une fois attribuée à un individu, devint sa propriété privée perpétuelle, et il fut établi des lignes de séparation fixes entre la propriété d'un homme et celles des autres, afin d'éviter la confusion et les contestations. D'après la loi en vigueur sous la dynastie Tang (618-907 de l'ère chrétienne), la plus petite parcelle donnée à un individu devait être de vingt mou. Le système de clôture des propriétés devint alors parfait, quoique de temps à autre des terres publiques fussent encore attribuées à des hommes devenus majeurs après la première répartition. Cependant cette pratique fut abandonnée plus tard et les fils devaient travailler la terre de leur père, jusqu'à ce que celle-ci leur fût transmise par héritage à sa mort.

A la même époque, le système des impôts subit également quelques modifications. On imposa aux cultivateurs trois espèces de contributions, au lieu du simple travail obligatoire du paiement d'un dixième du produit du sol. Ils devaient remettre au gouvernement une quantité déterminée des produits de leurs terres ; ils devaient travailler pour lui un certain nombre de jours ; enfin, ils devaient lui fournir une partie des marchandises qu'ils avaient fabriquées, telles que la soie, des tissus, etc. Ces contributions étaient connues respectivement sous les noms de « Chu », « Yung » et « Tiai », et une comptabilité détaillée concernant ces contributions, et les parcelles individuelles de terre, était tenue par le doyen du village et transmise au gouvernement central par l'intermédiaire des magistrats du district. Des évaluations des contributions pour l'année suivante étaient faites et rendues publiques par l'affichage, avant leur perception, aux portes des villes et aux « pailous » des villages. Cette façon de procéder ressemblait assez au système budgétaire étranger et avait tous les avantages de la publicité des comptes. Le gouvernement avait également adopté des règlements fixes d'exemptions dans les cas où les récoltes avaient été endommagées par les inondations, la sécheresse, la gelée ou les insectes.

Tel était le système en vigueur sous la dynastie Tang. Il a subi plus tard de nombreuses modifications, mais le principe de la propriété privée des terres subsiste encore aujourd'hui. Sous la dynastie Sung (960-1277 de l'ère chrétienne) il y avait cinq catégories de terres donnant lieu à quatre espèces d'impôts. Les Mongols (c'est-à-dire la dynastie Yuan, 1277-1368 de l'ère chrétienne), y apportèrent à leur tour des changements et établirent diverses espèces de taxes dans les différentes provinces et districts.

Cette méthode fut en général suivie par les dynasties suivantes : dynastie Ming, 1368-1644 de l'ère chrétienne, dynastie Mandchu, 1644-1911), ce qui explique le fait qu'il y a actuellement de si nombreuses catégories de terres et de si nombreuses espèces d'impôts; aussi, le système de nos impôts fonciers est-il le plus compliqué du monde. A diverses reprises, les terres privées furent mesurées et recensées à nouveau, mais durant toute notre histoire, très peu de domaines furent exceptionnellement étendus.

De l'étude qui précède il résulte clairement que, depuis les temps les plus reculés, notre système agraire a favorisé l'établissement de la petite propriété. En outre, le morcellement résultant de la loi successorale traditionnelle qui donne aux fils des parts égales dans l'héritage paternel, a rendu, de génération en génération, les exploitations plus petites. L'absence de grandes exploitations et de procédés de culture mécanique, a pu limiter certaines possibilités de développements, mais elle a, en même temps, fait disparaître les grandes inégalités de richesses. En l'absence d'une aristocratie terrienne, il y a eu moins de causes de mécontentement social. De cette manière, notre système agraire est resté, jusqu'à ce jour, la base de notre organisation économique et sociale.

Grâce à ces caractéristiques nationales et à ces bases

économiques solides, la Chine devrait avoir les qualités nécessaires pour accomplir la grande tâche qu'elle a devant elle. Cependant, d'après certains, l'importance donnée à l'éducation morale a développé une civilisation idéaliste, aux dépens du matérialisme et de l'étude des sciences utiles, et l'antique système agraire est considéré comme la cause du manque d'usines industrielles. Nous n'admettons cette idée qu'en partie. Nous comprenons parfaitement que la Chine ne doit pas se contenter de ce qu'elle a, et apprenne de l'Occident à connaître ce qui lui manque. Cependant, nous devons reconnaître que nos doctrines morales et notre système agraire forment une base solide de construction, bien qu'elles ne puissent pas être prises pour la construction elle-même.

De même, bien que des découvertes éparses dans les sciences de l'acoustique et de l'optique, de la médecine et de la chimie, ainsi que des procédés primitifs d'exploitation des mines ou des travaux de métallurgie, ne puissent pas être comparées aux recherches systématiques de la science moderne, ces découvertes doivent cependant nous encourager à poursuivre de meilleurs résultats. Il n'y a absolument aucune raison pour que notre développement historique nous rende incapables de progrès ultérieurs. Au contraire, il devrait nous déterminer à agir, lorsque nous savons ce que nos ancêtres ont fait alors qu'ils étaient isolés dans le monde, et quel riche héritage ils nous ont légué en fait de culture, d'organisation économique et de ressources naturelles. Si cette idée est bien comprise, la peine que nous nous donnons en relatant ici notre histoire ancienne, économique et pédagogique, n'aura pas été vaine.

---

## CHAPITRE II

# Les Arts et les Richesses

Après avoir esquissé à grands traits la nature de la civilisation de la Chine, nous pouvons maintenant aborder l'étude des arts et des richesses naturelles.

### I — LES ARTS

La science politique est un sujet qui fut en honneur de tout temps dans la littérature chinoise. Les ouvrages classiques chinois, dans leur ensemble, peuvent être considérés comme autant de traités sur les théories de gouvernement. Dans le chapitre précédent, nous avons montré que l'éducation morale constituait la première et principale préoccupation des anciens philosophes chinois. Tous les écrivains conseillent à leurs maîtres d'exercer un gouvernement vertueux. En effet, si le prince est vertueux, ses courtisans le seront également, et le pays sera bien gouverné. S'il en est autrement, il y aura de nombreux méfaits causés par la mauvaise administration ; le peuple en sera la principale victime; et lorsqu'il ne pourra plus supporter ses souffrances, l'esprit de vengeance provoquera un soulèvement. Il est donc de l'intérêt du souverain lui-même que le gouvernement soit intègre et bienfaisant.

La science économique fut de bonne heure considérée

comme faisant partie des théories d'un sage gouvernement. Il y a une quarantaine de siècles on entrevoyait déjà des principes tels que les suivants : le plus grand bien pour le plus grand nombre, une équitable répartition de la richesse, un ajustement précis de l'offre à la demande, la conservation des ressources économiques, une réglementation appropriée de la production, de la consommation et de la distribution. En outre, l'enseignement de Kuantzu peut, à bien des points de vue, se comparer avec celui de Frédéric List ; la pratique qui consistait à faire une évaluation des revenus publics sous la dynastie Tang ressemblait au système des budgets modernes ; les prêts de capitaux, consentis par le peuple de Chi au seigneur féodal, laissaient déjà entrevoir les emprunts intérieurs de notre époque ; et les arguments invoqués par Yen Chi-tui, de la dynastie Pei-Chi (479-502 de l'ère chrétienne), n'étaient pas sans analogie avec ceux que font valoir les protectionnistes de l'Occident pour établir des barrières douanières. Bien d'autres exemples pourraient être cités, mais le peu que nous citons suffit pour montrer notre développement de la science économiqe.

Le droit constitue une autre matière fort importante de la science chinoise. Dans le « Book of Changes ». nous trouvons quelques-unes des plus anciennes dissertations sur ce sujet. Dès la dynastie des Yu (2255-2205 avant J.-C.) des Codes écrits furent publiés, et sous l'administration de la dynastie Chow, on insistait tout spécialement sur l'égalité de tous les sujets devant la loi et sur l'indépendance du pouvoir judiciaire. Alors, si imparfait qu'il paraisse aux juristes modernes, le système chinois fait tout de même partie des quatre principaux systèmes juridiques du monde.

En ce qui concerne la science militaire, les détails les plus anciens de notre organisation militaire ne laissaient presque rien à désirer. Sous la dynastie Chow (1122-255 avant J.-C.), une division d'armée se composait de 12.500 hommes, soit à peu près l'importance d'une division actuelle. Tout homme valide était astreint au service militaire, pendant un temps déterminé, entre vingt et soixante ans. Dans la stratégie, les tactiques de Sun Wu et Sze-ma Jang-chu ont à peine été égalées, et l'on dit que l'éminent tacticien, le général Hindenburg n'établit ses plans de campagne, en Prusse Orientale, qu'après avoir lu les œuvres de Sun Wu dans une traduction allemande. Pendant la grânde guerre qui vient de se terminer, les gouvernements alliés ont toujours été gravement préoccupés, d'une part, du recrutement des hommes, de l'approvisionnement en munitions et en argent, et d'autre part, au sujet de l'enthousiasme de leurs nationaux aussi bien que des succès de l'ennemi. Et cependant, il y a deux mille ans, Kuan-Tzu enseignait que pour faire une guerre victorieuse, les ressources devaient être accumulées, le travail coordonné, les munitions préparées, les officiers bien choisis, les troupes entraînées, les Etats-Majors informés de l'état d'esprit chez les différents peuples, et les chefs des armées connaître le moment oportun pour chaque mouvement.

Voilà pour les Arts « libéraux » qui intéressent principalement le gouvernement d'un pays. En ce qui concerne les Arts techniques, nous avons déjà dit que l'industrie agricole avait été développée de bonne heure en Chine. En Europe, le progrès de la civilisation fut marquée par l'âge de pierre, l'âge de bronze et l'âge de fer, tandis que dans l'Empire du Milieu les étapes successives furent l'âge animal, l'âge végétal et l'âge minéral. Au début de l'histoire de la Chine, les habitants étaient nomades; les instruments étaient faits avec des ossements d'animaux. Plus tard, lorsqu'ils s'adonnèrent à l'agriculture et que des terres furent cultivées, on se servit d'instruments en bois. Plus tard, Sui-Jen, un des premiers rois, eut l'idée d'utiliser le feu, et des objets en argile et en porcelaine furent fabriqués. Enfin, au temps de l'empereur Huang-ti, (2697-2597 avant J.-C.), on employa des ustensiles en métal.

Toute cette évolution se produisit vingt-cinq siècles

avant le Christ. La Chine jouissait donc d'une grande prospérité bien avant que les nations actuelles de l'Europe n'aient vu poindre l'aurore de leur civilisation. L'épouse de Huang-ti fut la première à enseigner au peuple l'élevage des vers à soie et à tisser les étoffes de soie. Ensuite on inventa la filature et le tissage du coton et de la laine, l'écriture, l'imprimerie, la boussole, la poudre à canon, etc... Un développement intense devint la règle générale et les grands travaux publics, tels que la « Grande Muraille » et le « Grand Canal », de même que les industries de la céramique et de la laque, sont encore universellement appréciés de nos jours. En outre, des instruments astronomiques et de musique furent inventés de bonne heure ; la peinture et la sculpture furent aussi florissantes. Des vins généreux furent fabriqués et les médecins pratiquèrent leur art avec habileté. Enfin certaines théories relatives au son, à la lumière et à la chaleur, ainsi que certains principes de chimie, de physique, de mathématique et d'astronomie, furent étudiés et compris.

## II. — LES RICHESSES

On dit que le phosphore ne se trouve que dans les régions froides, le caoutchouc dans les zones tropicales et les pierres précieuses dans les hautes montagnes. Cela est dû à des conditions climatériques ou géologiques. C'est ainsi que le riz ne pousse pas en Angleterre, le mûrier en Allemagne, ni le coton au Japon. L'Allemagne n'est pas riche non plus en cuivre, ni l'Italie en charbon, ni le Japon en fer. La Chine, seule, semble être très favorisée aussi bien au point de vue géographique, qu'au point de vue géologique.

Limité à l'est par l'Océan et à l'ouest par de hautes montagnes, le pays est traversé par de grands fleuves. Les plaines sont fertiles et le climat vivifiant. Dans les limites de trente degrés de latitude et de quarante-cinq degrés de longitude, soit une superficie d'un million et quart de milles carrés, ses ressources naturelles sont véritablement inépuisables. On trouve des ours, des zibelines, des renards et des loutres en Mongolie et en Mandchourie ; d'autre part, on a commencé récemment à cultiver, dans l'extrême-sud de la Chine, le cocotier et le caoutchouc. Des gens compétents estiment, par exemple, qu'il n'y a pas moins de quinze mille variétés de plantes dans le pays et l'on croit que la province du Shansi renferme à elle seule assez de charbon pour suffire aux besoins du monde entier pendant mille ans.

Nous allons étudier les ressources de la Chine, en distinguant les produits agricoles et les produits minéraux. Parmi les premiers, nous citerons le riz, le blé, les fèves, le thé, la soie et le coton ; et parmi les seconds, les métaux tels que l'or, le fer, le cuivre, l'étain, le tungstène, l'antimoine, l'argent, le mercure, le plomb, le manganèse et le molybdène, ainsi que les corps non métalliques tels que le charbon, le pétrole, l'alun, la stéatite, l'asbeste et le gypse.

Le riz abonde dans la vallée du Yang-tse, et le blé dans la région du Fleuve Jaune. D'après les plus récentes statistiques du Ministère de l'Agriculture et du Commerce, il y a au total 580.000.000 de « Mou » affectés à la culture du riz et 370.000.000 de « Mou » affectés à la culture du blé (le mou correspond à un sixième d'acre anglais). Au sud du Yang-tse, les rizières donnent deux récoltes par an ; ainsi, en moyenne, la production annuelle du riz n'est pas inférieure à 1.200.000.000 « piculs » (un picul représente cent catties, soit cent trente trois livres anglaises un tiers). La production du blé n'est pas inférieure à 300.000.000 piculs. Le riz étant la nourriture principale du peuple, la consommation par tête d'habitant peut être évaluée à deux piculs et demi par an ; et comme il y a quatre cents millions de Chinois, il reste deux cents millions de piculs pour la fabrication du vin et des spiritueux, pour la pâtisserie et l'alimentation des animaux domestiques. Cette production est tout juste suffisante pour les besoins du pays, ce qui explique pourquoi la loi en interdit l'exportation à l'étranger. D'autre part, l'exportation du blé augmente et atteint, en moyenne, un total de deux millions de « piculs » par an.

Les fèves sont cultivées principalement en Mandchourie ; elles existent tout aussi abondamment dans les provinces de Hupeh, Hunan, Kiangsu et Chihli. Au cours des dix dernières années, le commerce des fèves a pris une soudaine extension : l'exportation annuelle atteint actuellement près de dix millions de piculs ; elle est considérée comme venant au deuxième rang des exportations du pays, tant en valeur qu'en importance. D'après M. Julean Arnold, attaché commercial des Etats-Unis en Chine, nos fèves constituent une des sept marchandises principales du monde, l'exportation totale même en 1917, s'éleva à une valeur de soixante-trois millions de taels Haikwan. Ce produit est vraiment utile : il peut servir de nourriture ; l'huile qui en est extraite est employée pour la fabrication du savon, et les tourteaux pour la fabrication des engrais. Si nous comprenons les pois dans nos calculs, la production annuelle des pois et des fèves n'est pas inférieure à cent millions de piculs.

Le thé et la soie sont les deux principales denrées d'exportation de la Chine. Il y a de nombreuses variétés de thé, thé noir et thé vert, thé en tablettes et thé en feuilles. Il est cultivé principalement dans le Fukien, le Chekiang et l'Anhui, mais on en récolte beaucoup dans le Szechuan et le Hunan. Le « P'u-erh », thé du Yunnan, par exemple, est célèbre pour ses propriétés médicinales. Jadis, nous avions en réalité le monopole du thé dans le monde entier : notre exportation, en 1886, s'éleva à trois cent millions de catties, alors que la demande totale du monde entier est de cinq cents millions de catties par an. Depuis cette époque, par suite de la forte concurrence des thés de l'Inde, de Java et du Japon, le total de notre exportation a été réduit à

160.000.000 de catties et notre production à 630.000.000 de piculs. Cependant le thé chinois, après infusion, conserve son parfum plus longtemps que le thé étranger. C'est pourquoi notre thé est toujours préféré par certaines catégories d'amateurs, et lorsqu'il sera cultivé, soigné et conservé selon des méthodes plus scientifiques, lorsque les planteurs chinois s'uniront et agiront de concert en vue de son amélioration, le thé chinois reprendra très rapidement sa situation prédominante sur les marchés du Monde.

Il y a cinquante ans, les soies de la Chine répondaient pour une bonne moitié à la demande mondiale. Depuis cette époque, grâce à une sélection plus scientifique des vers à soie, les soies japonaise et italienne nous font une concurrence sérieuse. Le Japon produit maintenant vingt-huit pour cent de l'offre mondiale de la soie ; la Chine vingt-sept pour cent ; l'Italie vingt-cinq pour cent ; la Grèce, la France, la Turquie et l'Inde, les autres vingt pour cent. Il y a cinquante ans, la production totale du monde ne dépassait pas neuf millions de kilogrammes ; elle atteint actuellement quarante-deux millions de kilogrammes, qui sont tous consommés, à deux millions de kilos près. Néanmoins, on peut constater avec satisfaction que la valeur des exportations de Chine s'est élevée de 30.000.000 de taëls en 1876, à 70.000.000 de taëls au cours de ces dernières années, c'est-à-dire au cinquième du commerce total de l'exportation.

Après les Indes et les Etats-Unis, la Chine est maintenant le plus grand producteur de coton du monde. Le cotonnier n'y est pas encore cultivé scientifiquement ; c'est pourquoi le rendement ne suffit pas même à la demande de l'intérieur. Bien que dans ces dernières années l'exportation du coton brut se soit élevée de huit ou neuf cent mille piculs à un million trois cent mille piculs, l'importation annuelle des tissus de coton est loin d'être insignifiante. En 1918, l'importation des tissus de coton atteignait le quart des importations totales de la Chine, soit 150.000.000 de taëls ; et dans ce total les filés entraient en compte pour au moins la moitié. Grâce à l'importance que le peuple chinois attache de plus en plus à cet article, aux nouveaux procédés adoptés pour améliorer la culture du coton, grâce encore à la création de nouvelles filatures et à l'achat d'outillage moderne, l'industrie cotonnière en Chine, paraît avoir un brillant avenir.

Les produits suivants, en outre, ne sont pas moins connus : le sésame et le tabac du Honan et du Nord du Kiangsu ; la canne à sucre et le camphre du Fukien et du Kwangtung ; les pistaches de terre et les céréales du Chihli et du Shantung ; le chanvre et les plantes médicinales du Yunnan, du Kweichow, du Szechnan et du Shensi ; l'huile d'arachides et de fèves de Mandchourie ; le baume de copahu des provinces du Sud-Ouest, etc. Grâce à l'abondance des pluies, il y a des milliers d'acres de forêts vierges en Mandchourie, dans les provinces du Nord-Ouest, ainsi que dans le Hunan, le Kiangsi, l'Anhui, le Fukien : forêts de pins et de cyprès, de peupliers, d'ormes, de sapins, etc. Malheureusement les versants d'un grand nombre de collines ont été dénudés pour diverses raions, et il y a eu beaucoup de désastreuses inondations ; mais récemment le reboisement a été encouragé et une attention plus grande est donnée à la conservation des riches forêts.

En outre, le bétail, les volailles et leurs produits sont loin d'être sans importance. C'est ainsi que l'exportation moyenne, au cours des années 1916 à 1918, de la laine des provinces du Nord-Ouest, des peaux du Shantung et du Honan et des œufs de diverses provinces s'est élevé à 50.000.000 de taëls. Si des procédés d'élevage et de sélections plus scientifiques étaient employés, les résultats seraient sans aucun doute beaucoup plus satisfaisants.

En ce qui concerne les ressources minérales, le fer et le charbon étant indispensables pour le développement de l'industrie, sont naturellement à l'heure actuelle, les plus importants. Ces minerais ont été extraits de bonne heure en Chine. Il y a deux mille ans, Kuan-Tsu, érudit bien connu, disait qu'il y en avait en Chine 5.609 montagnes de grande valeur, dont 5.200 renfermaient du fer en abondance. La houille fut découverte plus tard, sous la dynastie Han (206 avant J.-C. à 25 de l'ère chrétienne) ; et cependant, encore aujourd'hui, la richesse exacte des gisements n'a pas été scientifiquement déterminée. Un expert américain a estimé ces ressources à cent milliards de tonnes, tandis qu'un expert japonais les évalue à sept cents milliards ; et Richthofen, géologue et ingénieur allemand, a affirmé que la seule province du Shansi en contenait un trillion et deux cent cinquante milliards de tonnes.

En ce qui concerne le fer, Mr. Julean Arnold a estimé à quatre cent millions de tonnes la quantité pouvant être extraite de mines exploitées avec l'outillage moderne, et à trois cents millions de tonnes la quantité pouvant être extraite par les moyens primitifs.

D'après les plus récentes recherches du Bureau géologique du Ministère de l'Agriculture et du Commerce, le charbon susceptible d'être extrait, à moins de 3.000 pieds de profondeur, est de 24.600.000.000 de tonnes ; il est plus abondant au Shansi, au Chihli, en Mandchourie, et le moins abondant dans le Fukien. Le minerai de fer s'élèverait à 589.000.000 de tonnes, principalement dans les provinces de Fengtien, Chihli, Hupeh et Kiangsu, celle du Chekiang étant la moins riche. D'autre part, l'Association Géologique Internationale donne, pour la Chine entière, des chiffres deux fois plus élevés, tant pour le charbon que pour le fer, à savoir : cinquante millions de tonnes pour le charbon et 1.200.000.000 de tonnes pour le fer. Comparés avec le chiffre de l'Angleterre et des Etats-Unis, ceux de la Chine représentent respectivement un tiers du charbon du premier de ces deux pays et un seizième du second ; les quatre cinquièmes du fer du premier, et le quart du second ; ces chiffres sont, dans tous les cas, plusieurs fois plus élevés que ceux des autres pays.

L'antimoine et l'étain sont remarquablement abondants. Les gisements d'antimoine, dans le Hunan seul, sont certainement les plus riches du monde, ce qui constitue une situation assez semblable à celle du Canada pour le platine. Pendant la dernière guerre, l'antimoine atteignit des prix très élevés et quoique la demande ait diminué depuis le rétablissement de la paix, notre pays est encore le principal fournisseur de cet article. En ce qui concerne la production de l'étain, la Chine vient au troisième rang après la Bolivie qui détient le deuxième, et l'archipel Malais le premier. On trouve ce produit principalement dans le Yunnan ; on le trouve aussi en petites quantités dans le Kweichow et le Hunan ; actuellement la production annuelle de cette province est de 7.000 tonnes. Avec l'introduction de procédés plus modernes, ces chiffres pourraient aisément être doublés, sinon triplés.

La découverte du cuivre et de l'argent remonte à une époque très lointaine, dans l'histoire du pays où ces métaux sont employés, dans une large mesure, pour la fabrication des monnaies. Aujourd'hui le cuivre est produit surtout dans les provinces de Szechuen et du Yunnan, les mines de cette dernière province étant d'un développement tout récent. Mais les méthodes employés sont encore primitives, et l'introduction des procédés scientifiques modernes donnera de meilleurs résultats. D'autre part, l'argent est relativement rare en Chine. Sous la dynastie Ming (1368-1644 de l'ère chrétienne), l'or ne valait que quatre à huit fois plus que l'argent, et même à la fin du XVIIe siècle, le rapport entre les deux était de un à dix-sept, ce qui montre la cherté du métal blanc. Il y a cinquante ans, les mines gouvernementales du Yunnan produisaient annuellement environ un peu plus d'un million d'onces d'argent, et maintenant la production s'est abaissée au vingtième environ, soit cinquante mille onces.

Rien d'étonnant, dès lors, à ce que le pays doive recourir au Mexique et aux Etats-Unis pour satisfaire à sa demande d'argent, et c'est là un point que ne doivent pas perdre de vue ceux qui discutent les réformes monétaires.

Parmi les métaux les plus récemment découverts en Chine, figure le tungstène, extrait dans le Kiangsi et le Kwantung seulement depuis 1915. Il semble y être très abondant et pendant la dernière guerre, il en a été exporté annuellement jusqu'à cinq mille tonnes, ce qui place la Chine au second rang, en ce qui concerne cette production.

Le mercure existe principalement dans le Kweichow. Depuis sa découverte, la production a toujours été considérable. Bien que les procédés d'exploitation soient aujourd'hui surannés, l'exportation annuelle est cependant d'environ deux cents tonnes, ce qui constitue la production la plus élevée parmi tous les pays que baigne le Pacifique.

L'or, sous forme de poussière, abonde dans le Heilungkiang, une des provinces de la Mandchourie. Si on joint à la production du Heilungkiang celle de la Mongolie extérieure, de Kirin, de Fengtien, du Chihli, du Shantung, du Honan et du Hunan, on arrive à une production totale d'environ 180.000 onces. On sait également que du minerai d'or existe ailleurs, mais les terrains qui le renferment n'ont pas encore été prospectés.

Le plomb et le zinc sont grandement employés pour la fabrication de la monnaie, des caractères d'imprimerie, des fils téléphoniques, des batteries éllectriques, des munitions, des conduites d'eau, etc. On les trouve dans le Yunnan, le Sinkiang, le Chihli, le Fukien, le Chekiang, et surtout dans le Hunan. Les mineurs, qui sont des gens de la campagne, employant un outillage primitif, ne parviennent pas à séparer ces deux métaux qui existent, dans la nature, unis l'un à l'autre ; ici donc, comme ailleurs, il y a de vastes possibilités de développement scientifique.

Enfin les produits suivants existent également en quantités variables : le pétrole, dont les sous-produits sont aujourd'hui si utiles comme combustible pour les aéronefs, les sous-marins, les automobiles, les navires de guerre et les usines ; — le manganèse, pour durcir l'acier, dont plusieurs milliers de tonnes sont produites chaque année dans le Hunan et le Kwantung ; — l'alun, l'asbeste et la stéatite. En tenant compte de tout cela, la Chine ne manque certainement pas de ressources minérales.

Par ce qui précède, on peut voir qu'à tous les points de vue, la situation de la Chine est favorable. Non seulement sa civilisation s'est développée avant celle de toutes les autres nations, mais encore, elle est remarquablement riche en ressources naturelles. Dans le domaine des connaissances scientifiques, elle possède à la fois celles qui correspondent aux sciences modernes et celles qui correspondent aux sciences naturelles, bien que les premières aient été plus développées que les secondes. D'autre part, ses richesses agricoles ont été plus développées que ses richesses minérales, dont elle possède cependant des réserves importantes.

Et cependant la Chine est considérée par les nations comme un pays pauvre et arriéré ! — Comment expliquer un paradoxe aussi étrange ? La réponse à une telle question étant nécessairement longue, nous y consacrons les deux chapitres suivants. Dans le chapitre III nous comparerons nos conditions économiques avec celles des pays d'Occident, et nous expliquerons pourquoi nous ne pouvons rivaliser avec eux, au point de vue de la richesse ; puis, dans le chapitre IV, nous discuterons de la même façon les conditions dans lesquelles se trouve la Chine au point de vue de l'instruction. En même temps nous essayerons de montrer comment ces conditions peuvent être améliorées pour nous permettre de comprendre entièrement nos avantages historiques et naturels.

## CHAPITRE III

# Les conditions industrielles actuelles

Le développement économique doit se produire simultanément dans trois directions : à savoir, industries extractives, manufactures et commerce. Toutes trois doivent marcher la main dans la main, et nulle ne devrait rester en arrière. Les nations de l'Europe sont bien connues pour leur commerce et leurs manufactures. Leurs ouvriers transforment les matières premières en produits finis qui sont mis en vente par leurs commerçants. Mais elles dépendent principalement des autres nations en ce qui concerne la fourniture de leurs matières premières, soit agricoles, soit minérales. Ainsi, lorsque les hostilités éclatèrent, et que le ravitaillement de l'étranger fut interrompu pendant la récente guerre, leurs industries furent gravement affectées. Cela montre combien un développement partiel est quelquefois peu satisfaisant. Néanmoins, ayant développé le commerce et les manufactures, l'Europe est prospère en temps normal, tandis que la Chine est pauvre au milieu d'une richesse inouïe.

En outre, deux autres facteurs nécessaires comptent dans le développement des industries ; à savoir, un système bancaire efficace, et un système de transports suffisant. Le premier facilite la circulation des capitaux, le second, le mouvement des marchandises. Si l'un ou l'autre venait à manquer, le système économique général sombrerait tôt ou tard, et au lieu d'un développement industriel illimité, les ressources naturelles resteraient ensevelies dans le sol, et ne serviraient qu'à tenter les peuples rapaces à exploiter notre pays à leur propre avantage. Pour ces raisons, les cinq facteurs sont tous de grande importance. En tenant compte de cela, nous allons voir maintenant à quels égards nous ne sommes pas encore au niveau des nations les plus civilisées, et nous indiquerons aussi quelques-unes des conditions qui sont la cause de cet état de choses.

### 1° *Industries extractives*

En premier lieu, nous considérerons les industries extractives qui sont loin d'être convenablement développées. Dans l'agriculture, malgré une longue série d'améliorations, il est très évident que nos terres n'ont pas encore été entièrement utilisées. D'après les dernières statistiques du Ministre de l'Agriculture et du Commerce, dont il a déjà été question dans le chapitre précédent, la superficie totale des terres mises en culture pour le riz, le blé, les fèves, les mûriers, le thé, le coton et le chanvre — en fait, pour toutes espèces de produits agricoles — est de un million et demi de mou. Dans l'ensemble, en chiffres ronds, cela ne fait que 1/10 de la superficie totale du pays qui soit cultivé. Dans les pays européens, au contraire, la proportion s'élève à 50 %. En outre, 70 % de notre population est agricole ; tandis que celle des Etats-Unis n'est que de 33 %. La nôtre est 70 % de quatre cent millions ; celle de l'Amérique est 33 % de cent millions. La proportion est d'environ 8 à 1. Cependant la superficie américaine mise en culture est de près de 8 milliards et demi d'acres (approximativement 56 milliards de mou) soit 38 fois la nôtre.

D'après ce fait, il est évident que l'efficacité de production de nos agriculteurs est très réduite. Bien que le caractère primitif de notre outillage agricole soit aussi, dans une certaine mesure, la cause de cette situation, la raison la plus importante est le manque de développement scientifique (culture scientifique, engrais scientifiques et lutte scientifique contre les inondations, assèchement, destruction des insectes, etc...) ; c'est dans ce sens que notre peuple doit travailler en vue d'une amélioration future. Nous devons étendre et intensifier la culture, améliorer l'efficacité de production des agriculteurs, et augmenter la production par l'introduction de méthodes scientifiques et d'outillage moderne. Lorsque tout cela sera fait, le rendement réel sera sensiblement proportionné aux avantages virtuels donnés par la nature. Alors, la Chine pourra fournir des articles d'alimentation et autres articles nécessaires au reste du monde, au lieu de dépendre d'autres nations, comme c'est actuellement le cas pour le coton et autres matières premières analogues.

Nos ressources minérales sont encore plus négligées. Quoique très riches en gisements carbonifères, notre production est très restreinte; au cours des dernières années, la production annuelle a été de 19 millions de tonnes. Sur cette quantité, près de la moitié, soit 9.380.000 tonnes ont été produites par des mines exploitées soit par des étrangers ou des sociétés Sino-étrangères, telles que les mines de Kai-lan, Ching-shing, Ling-ch'eng et Men-tou-kou dans le Chihli; Chi-ch'uan et Wei-shien dans le Shangtung; Shih-pei-ling et Yi-mien-p'o dans le Kirin; la mine de Cha-lai-nor dans le Heilungkiangf; et les mines du syndicat de Pékin dans le Honan. Le reste, environ 9.620.000 tonnes, est produit par des mines chinoises privées ou d'Etat, et elles sont exploitées par des méthodes primitives — telles sont les mines de Lin-yu; Tsi-chow et Ching-shing (Chihli) ; I-hsien, Ning-yan et Po-shan (Shangtung) ; Hsuan-yang, Chang-teh et An-yang (Honan) ; P'ing-hsiang (Kiangsi) ; Pao-tsin (Shansi) ; Hsi-hsi (Fengtien) ; T'ung-shan (Kiangsu) ; Su-hsien (Anhui) ; Lui-yang (Hunan) ; Ta-yeh et Yang-hsin (Hupeh) ; Yu-kan (Kiangsi) ; Kan-ho (Heilungkiang) ; et Hsuan-hua (Chihli).

Comparées avec la production entière du monde, 19 millions de tonnes ne constituent que la cinquantième partie de cette production, et le charbon produit par des mines purement chinoises n'en constitue que la centième partie.

Bien que les approvisionnement de la Chine en fer soient estimés à des centaines de millions de tonnes, la production annuelle n'est que légèrement supérieure à 400.000 tonnes, ce qui constitue la millième partie de la production du monde entier. Sur ces 400.000 tonnes, la moitié est produite par la compagnie Han-yeh-ping (Hupeh) et la compagnie minière Pen-hsi-hu (Fengtien) réunies. La première ayant fait des emprunts énormes à des capitalistes japonais, et étant ainsi devenue l'objet d'un échange de notes entre les Gouvernements chinois et japonais pendant les négociations concernant les Vingt et une Demandes en 1915, est dans l'obligation d'exporter la plus grande partie de sa production annuelle de 150.000 tonnes, au Japon ; et la dernière est une compagnie Sino-Japonaise produisant chaque année environ 50.000 tonnes.

En ce qui concerne les autres minerais, la Chine, en tant que pays producteur, occupe aussi une situation très peu enviable. Par exemple, sa production de mercure et de fer blanc ne forme dans les deux cas qu'une centième partie, l'or et le cuivre une millième partie, l'argent et le soufre une dix-millième partie, et le pétrole une cent millième partie de la production du monde. Ce n'est que pour l'antimoine et le tungstène que sa production s'élève à environ 1/10 de la production totale du monde. C'est là un triste contraste en face de la fabuleuse richesse minérale du pays ; d'où ce paradoxe que la Chine, quoique riche en ressources minérales, n'a pas encore développé son industrie minière.

### 2° *Les Manufactures*

La plus arriérée de toutes est peut-être l'industrie manufacturière. Elle est encore dans la phase de l'apprentissage, bien que l'outillage mécanique soit graduellement adopté. D'après des calculs récents, il n'y a, dans tout le pays, que 20.000 usines avec un total de 630.000 ouvriers. Le nombre total des usines est relativement plus nombreux dans le Chihli, Chekiang, Kiangsu, Szechuen, Kiangsi, Shansi, Kwangtung et Fukien. Classées d'après leur nature, les usines de tissage, de teinture et de fabrication d'articles alimentaires occupent les premières places, les industries chimiques et les travaux de construction venant immédiatement après. Mais il n'y a nulle part une situation qui se rapproche du progrès réalisé dans le monde occidental. Par exemple, en Angleterre les filateurs seuls s'élèvent au nombre de 1.200.000, et en Allemagne, avant la guerre, il y avait plus de 1.100.000 hommes dans les forges et les usines de construction mécanique. La France, bien que plus petite en superficie que le Szechuen, et sa population ne dépassant pas celle du Shantung, a cependant 5 millions d'ouvriers d'usine engagés dans toutes sortes d'industries.

Les conditions générales de nos industries manufacturières sont, en conséquence, très décourageantes. Cependant, lorsque nous considérons les différentes industries une par une, nous constatons que quelques-unes d'entre elles ont fait de constants progrès au cours de ces dernières années. Tel est spécialement le cas en ce qui concerne la filature. En 1890, lorsque la première usine fut créée à Shanghaï, il n'y avait que 65.000 broches. En 1911, le nombre était inférieur à 800.000 ; maintenant il s'est élevé à 1.500.000 (y compris celles qui étaient commandées), et le nombre des métiers à moteur s'est élevé à 10.000 sans compter les innombrables métiers à la main. L'offre ne peut pas répondre à la demande. D'où il suit que l'importation annuelle de cotonnades étrangères est, comme cela a déjà été noté, d'au moins 150.000.000 tls, le fil et le tissu forment chacun à peu près la moitié. Pour développer encore l'industrie, afin que nos propres besoins puissent être satisfaits, le nombre des broches devrait être augmenté d'un million, et celui des métiers de cent mille, bien que nous ne comptions pas pouvoir faire l'objet d'une comparaison favorable avec l'Angleterre qui a 52.000.000 de broches et 340.000 métiers, ou avec les Etats-Unis qui ont 33.000.000 de broches, ou avec le Japon qui en a 3.000.000. Maintenant que la guerre est terminée, l'offre d'outillage par l'Europe sera grandement réduite, et les experts, en fait d'administration d'usine, seront également difficiles à trouver. Quoiqu'il en soit ainsi, le projet mis en avant par M. Chang Ch'ien, notre industriel le plus important, peut être adopté avec profit. Il s'agit de réunir le capital nécessaire au cours d'une période de dix ans, cinq millions de dollars par an, pour permettre de doter l'industrie de 100.000 broches par an. Cet arrangement permettra de répartir l'importation sur une certaine période de temps, mettra nos capitalistes à même de trouver les capitaux nécessaires, et de préparer le personnel nécessaire pour faire marcher les usines modernes. C'est là un projet simple et réalisable, et s'il est adopté, il pourra atteindre en dix ans les résultats désirés.

Les soies chinoises sont renommées depuis un grand nombre d'années. Récemment cependant, elles ont souffert de la concurrence des soies étrangères. Il faut attribuer cela au manque de variété de couleurs et de dessins et à l'indifférence de nos commerçants relativement à la fabrication de nouveaux dessins. Pour cette raison, il a été exporté une plus grande quantité de soie brute que de soie fabriquée. Un expert américain estime que chacune des 40 millions de livres de soie brute exportées par la Chine, vaut un peu plus de 2 $, tandis que chacune des 4 millions de livres de pongée exporté, vaut plus de 4 $. Cela montre la plus grande valeur du produit fini et le résultat dommageable de notre indifférence à l'égard d'un progrès plus développé de nos manufactures. Au cours de ces dernières années, les fabriques de Hangchow, Soochow et Nanking ont assez bien compris cette situation et leur initiative concernant l'introduction de nouvelles méthodes pourra, à l'avenir, contribuer à ramener l'industrie de la Chine à son ancienne prospérité.

La farine est un article de première nécessité ; après la guerre la demande des pays européens a déjà augmenté. Ce fait a produit des résultats remarquables en Chine, provoqué une augmentation du nombre de minoteries dans le pays à plus de cent, ayant dans l'ensemble une capacité de production de 25.000 sacs par jour. Comparée à la production des Etats-Unis, qui est de 400.000 sacs par jour, la proportion est encore très petite, n'étant que de 1 à 16 ; mais il y a, même à présent, assez de farine pour en exporter à l'étranger. La quantité consommée dans le pays s'élève au 4/5 de la production totale réalisée à l'aide de minoteries mécaniques.

Le ciment est nécessaire pour l'industrie du bâtiment. C'était à l'origine un produit importé, mais actuellement les fabriques de Tong-shan, Hankow et Canton réunies ont une capacité de production de 2.000 barils par jour. Le cuir est utilisé pour la fabrication des chaussures, des sacs, etc. Le nombre des tanneries à Shanghaï, Nanchang, Tientsin, Chengtu, Canton, dépasse maintenant vingt. Le fer et l'acier sont de plus en plus nécessaires au développement industriel. Les mines de Tayeh, de la Hanyehping Cie, produisent annuellement 600.000 tonnes de minerai, qui contient 60 à 70 % de fer. En outre, la fabrication des produits suivants promet de devenir chaque jour plus prospère : papier, sel, bonneterie, allumettes, produits d'œufs, savons, parfums et autres articles de toilette, conserves en boîte, vins, cigarettes, chapeaux de paille et tresses de papier. Jusqu'à présent, l'échelle de la production est modeste, de sorte que l'offre est insuffisante pour répondre à la demande. En conséquence, bien que le pays soit riche en matières premières, nous devons encore compter sur l'importation de produits finis étrangers.

L'expert américain qui a déjà été cité une fois, estime encore que sur les 160.000 tonnes de saumon de fer exportées par la Chine en 1917 chaque tonne valait 31 dollars-or; et que, sur les 340.000 tonnes de minerai de fer exporté, chaque tonne valait 3 dollars-or. La valeur combinée des deux ne fut, par conséquent, que 6 millions de dollars-or. D'autre part, pendant la même année, la Chine importa pour 10 millions de dollars-or de produits d'acier et de fer, et pour 5 millions de dollars-or d'outillage. La valeur de ceux-ci varie entre $ 75 et $ 20.0000 la tonne. La différence de valeur entre la matière première et le produit fini est par conséquent très marquée, et il est grandement désirable que nos industriels tiennent compte de cet enseignement.

### 3° *Les affaires et le commerce*

Un commerçant est celui qui agit comme intermédiaire entre le producteur et le consommateur. La Chine ayant un vaste territoire et une grande population, les affaires ont été florissantes pendant tous ces derniers siècles. Il s'est donc développé, dans le monde des affaires chinois, un système très ordonné de coutumes et de conventions, de guildes et d'associations commerciales, de principes d'aide mutuelle et de protection mutuelle. Entre employeur et employé, entre acheteur et vendeur, il existe une sorte de contrat non écrit, et la bonne foi est à la base de toutes les opérations. Cela explique la prospérité de notre commerce intérieur et, dans une certaine mesure, extérieur, ainsi que l'intégrité commerciale de nos marchands.

Dans l'Occident, on dit de l'homme d'affaires qu'il n'est pas né tel, mais qu'il le devient. Il vit dans un milieu qui lui vient en aide et qui favorise ses désirs. Possédant des capitaux plus abondants, une meilleure organisation d'affaires, ainsi que de meilleures connaissances commerciales et techniques, il peut envahir les autres pays avec ses marchandises. Ainsi, venant en Chine, il étudie nos besoins et n'épargne aucune dépense pour faire connaître par une publicité appropriée les possibilités d'affaires qui existent pour les commerçants étrangers. Il y a une coopération étroite entre le commerçant et le manufacturier de l'Occident. Le manufacturier produira tout ce que réclame le commerçant, et celui-ci fournira tout ce dont a besoin le manufacturier. Il faut ajouter à cela les facilités de transport et de communication, d'échange et de crédit. Tel étant le cas, il n'y a pas lieu de s'étonner que le commerçant étranger recueille de beaux bénéfices partout où il va.

Un commerçant chinois, cependant, ne se trouve pas dans une situation aussi favorable. N'étant pas au courant des derniers progrès de la science, il est incapable de saisir le moment voulu, et manquant d'encouragement il est susceptible de laisser passer d'excellentes occasions. En outre, il est gravement désavantagé par une insuffisance de capitaux, de facilités de transport et de communication, l'incertitude des lois commerciales, l'existence du système *likin,* tarif douanier injuste, le manque de renseignements commerciaux récents, l'état de désorganisation de la circulation intérieure, et l'absence d'un système de crédit international. Alors, il emboite le pas, quand d'autres vont de l'avant; il obéit, là ou d'autres commandent; il ne s'aventure pas au delà de la côte. Les marchandises étrangères sont importées par des commerçants étrangers bien que ceux-ci puissent demander au commerçant chinois de diriger une agence dans l'intérieur du pays. Les marchandises chinoises sont exportées par des étrangers, et très souvent ceux-ci commissionnent leurs propres agents pour acheter dans l'intérieur les marchandises indigènes. Le commerçant chinois n'est pas consulté, et il est laissé de côté.

En outre, la Chine importe principalement des articles manufacturés et exporte principalement des produits agricoles. Dans cet échange entre un pays qui possède les matières premières, et un autre qui possède les produits manufacturés, la perte est inévitable au désavantage du premier. En outre, des articles de fantaisie tels que la broderie chinoise, le bois sculpté, les produits laqués, la porcelaine, les pierres précieuses et le jade, etc..., ne peuvent plus trouver d'importants débouchés étrangers, car les amateurs de jadis sont contraints maintenant de diminuer leurs dépenses après la guerre, ce qui décourage le commerce des articles de luxe.

La Chine a importé en moyenne, pendant ces dernières années, des marchandises d'une valeur de 550.000.000 taels, et en a exporté pour taels 470.000.000 par an. La différence était donc de taels 80.000.000 en faveur des importations. Après la guerre, le commerce avec l'Europe a graduellement repris tandis que le commerce avec le Japon et l'Amérique doit encore augmenter d'importance. Comme notre commerce extérieur est presque entièrement entre les mains d'étrangers, nous exporterons de plus en plus des matières premières, et importerons de plus en plus des produits fabriqués, avec une différence de plus en plus grande en faveur de ces derniers. Dans ce cas, le drainage continuel de nos ressources naturelles, ainsi que de nos espèces monétaires sera effrayant, et cependant, en plus de cela, nous avons à payer chaque année 60.000.000 de taels comme intérêts et partie de capital dus pour l'Indemnité des Boxers. La perspective est par conséquent peu encourageante et il appartient à nos classes commerciales et financières de trouver rapidement les moyens et remèdes qui pourront améliorer la situation. D'autre part, les autres pays ont aussi le devoir de nous venir en aide, car des conditions si défavorables ne peuvent manquer de réagir sur le monde en général, puisque non seulement la Chine sera appauvrie, mais encore les Chinois seront trop pauvres pour acheter l'excédent de production du monde.

### 4° *La Circulation et les Banques*

La prospérité industrielle d'une nation dépend grandement d'une saine circulation monétaire et de son système bancaire. A notre époque d'exploitation extensive et intensive, les capitalistes intéressés doivent avoir une réserve suffisante à laquelle ils pourront puiser. Cela nécessite quelquefois une combinaison des ressources de plusieurs banques, lorsque la force d'une banque ou de deux est insuffisante pour leur fournir les fonds nécessaires. Par exemple, dans le développement agricole où il faut un capital considérable pour acheter l'outillage, mettre en culture des terres en jachère, construire des canaux et des systèmes d'irrigation, etc..., il y a des banques agricoles qui font des prêts sur la garantie des maisons ou constructions ou sur les terres elles-mêmes. De même, dans le développement des autres industries où les capitaux sont nécessaires pour acheter des terres, élever des constructions, acheter des matières premières et l'outillage, etc., il y a des banques qui, pour financer l'entreprise, accepteront comme garantie les constructions ou les obligations de la compagnie ou d'autres articles d'actif réalisables. En outre, les banques sont indispensables pour faire des opérations telles que celles du change, des remises, des dépôts, des avances, et des prêts sur hypothèques.

En Chine, les banques peuvent maintenant être divisées en quatre catégories, à savoir : les banques chinoises de l'ancien système, les banques chinoises modernes, les banques étrangères et les banques sino-étrangères.

Il y a quatre variétés de la première catégorie de banques. La *P'iao Hoa* est une banque qui fait surtout des opérations de change et d'envoi de fonds dans l'intérieur du pays et c'est peut-être celle qui inspire le plus de confiance. Récemment, par suite de concurrence avec les banques modernes, elle a graduellement disparu des grandes villes et des ports. La *Ch'ien Chuang* est la banque chinoise de l'ancien système. Tandis qu'une banque moderne exige habituellement des garanties suffisantes avant de consentir des avances, et accorde des taux d'intérêt peu élevés sur les dépôts, la banque *Ch'ien Chuang* offre des taux d'intérêt plus élevés sur les dépôts, et n'exige pour ses avances d'autre garantie que la « bonne foi » de l'emprunteur. Ainsi elle est spécialement populaire et utile pour les petits capitalistes. La banque *Lu Fang* s'occupait à l'origine de lingots en sycee qui étaient alors l'instrument d'échange étalon du pays, mais à présent à Pékin, Tientsin, Yingkow, Mukden et dans d'autres villes du nord de la Chine, elle fait en même temps les opérations ordinaires d'un établissement bancaire. Avant la création de succursales de la Banque de Chine dans différentes villes, la banque *Kuan Kin Hao* avait coutume de manier les fonds de diverses provinces. Récemment son organisation a été changée, et ses succursales sont devenues, au moins pour la moitié, des banques provinciales.

La première banque chinoise moderne a été créée à Shanghaï, en 1898, sous le nom de Banque de Commerce, par Shen Hsuan-huai, qui lança la Compagnie de Hanyehping et d'autres industries modernes. Depuis lors, le nombre a grandement augmenté et dans la seule ville de Shanghaï il y a maintenant la banque industrielle Chekiang, la banque Ningpo, la banque Chung Hua, la banque Ta Lu, la banque de l'Union, la banque Chin Ch'eng, la banque commerciale et d'épargne de Shanghaï, etc. Différentes banques ont aussi été crées pour divers buts spéciaux: par exemple, la Banque de Chine pour agir en qualité d'agent de la trésorerie d'Etat ; la banque des Communications pour manier les recettes des différents chemins de fer, la banque du Sel pour manier les recettes de l'impôt du sel, la banque d'épargne Sin Hua pour manier les dépôts d'épargne, et la banque du Développement agricole pour manier les capitaux destinés au développement de la terre. En comprenant les banques provinciales qui manient les fonds provinciaux, il n'y a maintenant, pas moins de 200 banques et agences modernes dans le pays, avec un capital total versé de plus de 40 millions de dollars.

Parmi les banques étrangères, mentionnons les suivantes : la Hongkong et Shanghaï Bank et la Chartered Bank (britanniques) ; la Yokohama Specie Bank, la banque de Taiwan, la Sumitomo Bank et la Mitsubishi Bank (japonaises) ; l'International Banking Corporation et l'Asia Banking Corporation (américaines) ; la banque russo-asiatique (russe) ; la banque de l'Indo-Chine (française) ; la Banque Belge pour l'étranger (belge) ; et la Netherlands Bank (hollandaise). Et jusqu'au début de la guerre entre la Chine et l'Allemagne, il y avait aussi la banque allemande Deutsch-Asiatische, mais depuis cette époque, elle a été mise en liquidation. Des agences de ces banques étrangères ont été créées à Pékin, Tientsin, Shanghaï. Hankow et autres ports importants.

Parmi les banques sino-étrangères, il y a la Chinese American Bank of Commerce, la Banque industrielle de Chine, la Sino-Italian Bank, et la Sino-Japanese Exchange Bank.

Chacune de ces quatre catégories de banques sert un but, dans le développement économique du pays. Etant donné que les banques modernes ne sont pas encore vraiment établies en Chine, les opérations de change dans l'intérieur sont encore accomplies principalement par les banques de l'ancien système. Pour les opérations de change étranger il faut compter sur les banques étrangères et sino-étrangères qui fonctionnent dans le pays. Les opérations de ces quatre catégories comprennent presque toutes les affaires des banques commerciales, mais, jusqu'à présent, il n'y en a aucune qui finance le développement industriel. Malgré les règlements promulgués en 1914 et en 1916, pour le développement des banques industrielles et des banques agricoles, un très petit nombre de celles-ci ont été organisées. D'autre part, il existe un très grand nombre de ces banques en Europe et en Amérique qui, dans une grande mesure, contribuent à encourager et à développer l'industrie de ces continents. Le système bancaire chinois est très défectueux à cet égard, aussi bien qu'en ce qui concerne sa dépendance exagérée d'établissements étrangers.

En outre, il y a la question de la réforme monétaire, (changement de l'étalon monétaire, restriction des émissions de billets, etc.) qui est aussi intimement liée à celle du change et du crédit. En 1914, étant donné que les conditions économiques du pays ne justifient pas l'adoption d'un étalon d'or, le Gouvernement promulgua la Loi de la Monnaie Nationale et fit du dollar d'argent l'étalon monétaire pour toutes opérations. Ce dollar devait peser 7 mace et 2 candareens, et devait être à 900 0/00 de fin. Cependant, par suite des fluctuations constantes des valeurs relatives de l'argent et de l'or sur les marchés du monde, l'étalon d'argent n'est pas entièrement satisfaisant. En outre, les engagements de la Chine à l'étranger, et d'autres obligations nationales, sont payés en or, et cela implique une grande incertitude au sujet de la quantité exacte d'argent que le pays doit mettre de côté pour y faire face.

En 1915, le Gouvernement édicta d'autres réglements en vue de restreindre, dans des limites appropriées, les émissions de monnaie de papier, afin que le marché ne soit pas sursaturé de billets dépréciés. A la fin de 1917, les totaux de billets de banque en circulation étaient les suivants : $ 90.000.000 émis par des banques modernes dûment autorisées; $ 120.000.000 émis par des banques indigènes dûment autorisées, et $ 80.000.000 par des banques étrangères, soit un total général de près 300 millions de dollars. Tôt ou tard, lorsque le pays réorganisera entièrement ses finances, ses billets devront être standardisés ou remboursés, et des services d'experts seront requis pour élaborer les projets de remboursement et de standardisation.

### 5° *Les Communications*

L'importance des transports pour les industries, ainsi

que l'on sait, est semblable à celle des veines pour le sang ou à celle des roues pour un véhicule. D'une façon générale les communications modernes comprennent les suivants : 1° transports par terre (routes et chemins de fer) ; 2° transports par eau (navigation intérieure et sur l'Océan) ; 3° transports de messageries (postes, télégraphe, câblogrammes, télégraphie sans fil). Etudions les conditions actuelles de notre pays à ce triple point de vue.

Dans l'ensemble, il y a en Chine 24 lignes de chemins de fer ayant un total d'environ 7000 milles. Sur ce nombre, il y a 2600 milles de lignes concédées à l'étranger, à savoir: l'Est-Chinois, le Sud-Mandchouria, le Kiaochow-Tsinan, le Canton-Kowloon, le Yunnam Railway et le Lung-chen, tandis que les lignes du Gouvernement chinois sont au nombre de 18 seulement. et ont une longueur d'environ 4.500 milles. Cela est certainement tout à fait insuffisant. Le territoire des Etats-Unis qui a à peu près la même superficie, et seulement 1/4 de la population, a 266.000 milles de chemins de fer, c'est-à-dire 60 fois plus que nous. En outre, beaucoup de nos chemins de fer, quoique étant maintenant nationalisés, ont été construits avec des capitaux étrangers. La diversité des intérêts étrangers a rendu impossible d'établir des lignes de chemins de fer d'après un plan d'ensemble pour tout le pays.

Tel étant le cas, une partie du capital paraît avoir été investi en lignes peu importantes, tandis que beaucoup de régions plus importantes n'ont aucun moyen moderne de communication. Depuis la première construction de chemins de fer en Chine, il y a quarante ans, au moins 400 millions de dollars ont été dépensés. Cependant, il n'y a de grandes lignes qu'au nord du fleuve Yangtse et à l'est de la province d'Honan, les grandes plaines au sud et à l'ouest se trouvant pratiquement sans communication. C'est ainsi que des parties du pays comme le Shensi, Kansu, Szechuen et Kweichow, sont inaccessibles vers lacôte, et, en conséquence, leur développement est retardé aussi bien au point de vue industriel qu'au point de vue commercial. Ce n'est pas tout ; au cours des récentes années, les emprunts de chemins de fer consentis à la Chine ont souvent eu en partie la nature d'opérations politico-commerciales. Non seulement cela est un obstacle au développement industriel convenable du pays, mais encore contient des germes de complications internationales dans l'avenir. En conséquence, dans l'intérêt de toutes les parties, de tels arrangements devraient être modifiés en vue d'empêcher tous événements indésirables.

De même que les chemins de fer peuvent être comparés aux lignes de longitude, de même les chemins et grandes routes peuvent être comparés aux lignes de latitude. Les unes sont le supplément des autres et ont leur propre domaine d'utilité. Dans l'ancienne Chine, des routes de courriers bien construites rayonnaient de la métropole vers les capitales provinciales, et, de celles-ci, vers d'autres villes du pays. Ces routes s'étendaient sur plus de 60 milles, mais aujourd'hui peu d'entre elles sont bonnes pour les voyages. Cela est en partie le résultat d'une longue négligence concernant l'entretien, et en partie, le résultat d'un abandon récent par les services modernes de la poste et du télégraphe qui n'utilisent plus les anciennes routes de courriers. En fait, quelques nouvelles routes ont été construites par les municipalités de Pékin, Tientsin, Shanghaï, Hankow et autres villes, mais, le Gouvernement en général n'a pas eu le temps ni l'argent nécessaires pour construire un système convenable de grandes routes pour tout le pays. En conséquence, les voyages à l'intérieur sont particulièrement pénibles, et un parcours de cent mille milles prendra plus longtemps qu'un voyage de mille milles en chemin de fer. Dans les pays étrangers, au contraire, il y a un réseau parfait de chemins de fer et de grandes routes reliant les villes aux villes, les villages aux villages, et le trafic est presque ininterrompu par chemins de fer, voitures, automobiles ou camions, aussi bien pour le transport des voyageurs que pour celui des marchandises. Les Etats-Unis, à eux seuls, ont plus de deux millions de milles de grandes routes.

Avec un réseau restreint de chemins de fer, la Chine a un plus grand besoin d'un système suffisant de bonnes et grandes routes. Il y a quelque temps, le Ministère de l'Intérieur publia une série de décrets concernant la construction des grandes routes, qui fixait à 50 pieds la largeur de celles qui devaient être construites par le Gouvernement central, à 30 pieds la largeur de celles qui devaient être construites par les autorités provinciales, et à 24 pieds celles qui devaient être construites par les autorités de district. En ce qui concerne les routes dont la construction devait être confiée aux autorités de village, la largeur devait être adoptée d'après les besoins de la population locale. Le programme proposé par le Ministère est ambitieux. Bien qu'il ne soit pas facile à exécuter complètement, un bon commencement, par exemple, aura été fait, si les anciennes routes de courriers sont reconstruites, car dans ce cas là il y aura 10.000 milles de routes modernes rayonnant vers la capitale nationale et 50.000 milles rayonnant vers les capitales provinciales. Les anciennes routes de courriers constituent une bonne base, et les dépenses de réparation ne seront certainement pas aussi élevées que les frais de construction de grandes routes sur des tracés entièrement nouveaux.

La Chine a été longtemps considérée comme un pays très favorablement pourvu de cours d'eau intérieurs. La longueur des rivières navigables, pour les bateaux chinois, dépasse 20.000 milles, et celle des canaux navigables pour les bateaux à vapeur et les chaloupes, 4 ou 5.000 milles. Cependant, depuis que le pays est ouvert à l'exploitation commerciale de l'étranger, la marine marchande chinoise a été gravement désavantagée. Par suite de stipulations dans les traités, la plupart des grands fleuves au nord jusqu'au fleuve Sungari, à l'ouest jusqu'au Ch'ungking, et au sud, jusqu'aux fleuves Perle et Ouest, sont ouverts à la navigation des bateaux étrangers. Depuis ce temps-là, le rôle entre le maître et l'invité a été renversé ; car non seulement les bateaux chinois ne peuvent lutter contre les bateaux étrangers, mais encore peu de sociétés chinoises de bateaux à vapeur peuvent prospérer dans de telles conditions. La « Compagnie de navigation de bateaux à vapeur des commerçants de la Chine » est parmi le petit nombre des quelques exceptions notables. En conséquence, sur les 1.000 et quelques bateaux à vapeur qui ont navigué à l'intérieur au cours de la dernière année, il n'y en avait qu'un cinquième, c'est-à-dire 200, qui battaient pavillon chinois.

En ce qui concerne la navigation sur l'Océan, le tonnage des bateaux chinois est presque nul. Dans le Fukien et le Kwangtung, les hommes d'affaires chinois qui ont des intérêts dans les îles de la mer du Sud, sont propriétaires de quelques bateaux à vapeur d'environ 2.000 tonnes chacun, et les commerçants chinois aux Etats-Unis exploitent actuellement la China Mail Steamship Cie, avec deux ou trois bateaux plus importants, d'une moyenne de 10.000 tonnes chacun. A part cela, les bateaux sont entièrement entre les mains d'étrangers. En outre, les bateaux ci-dessus mentionnés sont généralement enregistrés auprès des autorités britannique, américaine et hollandaise ; en conséquence, le pavillon commercial chinois n'est pas encore aperçu dans les ports étrangers. Pour que le commerce international prospère, on ne peut compter exclusivement sur les bateaux étrangers. Ainsi, tant que la Chine ne développera pas sa propre marine marchande, son commerce et ses affaires avec le reste du monde seront toujours placées dans une situation défavorable.

De grands progrès ont été réalisés récemment dans les services postaux et télégraphiques du pays. Mais nous sommes encore en retard sur les autres nations. D'après le compte rendu pour 1918, le nombre des plis transportés par la poste s'est élevé à 300 millions. Cela ferait moins d'une unité par tête pour une population de 400 millions d'habitants en Chine. En Europe, d'autre part, les chiffres accusent 50 à 60 unités par tête d'habitant. Quant aux lignes télégraphiques, nous n'avons pas à l'heure actuelle plus de 40.000 milles, tandis qu'aux Etats-Unis il y en a 1.620.000. La proportion est, par conséquent, de 1 à 40.

Telle est donc la situation arriérée de la Chine au point de vue industriel. Pour remédier à la situation, nous devons établir un Gouvernement stable, reviser le système des impôts, encourager le travail technique et réunir une plus grande quantité de capitaux. Par dessus tout, le peuple doit apprendre à connaître les conditions internationales, sociales, politiques et surtout économiques. Les Européens et les Américains ont généralement une éducation commerciale et industrielle bien meilleure, et, cependant, comme cela a déjà été expliqué dans la première partie de ce volume, une partie de leur programme de reconstruction d'après-guerre, est de rendre cette instruction plus générale afin qu'il y ait dans le pays une capacité de production plus grande et d'une plus grande efficacité. A tous ces points de vue, nous sommes bien en retard, combien ne devons-nous pas marcher de l'avant? Le nouveau programme de reconstruction étant basé sur l'instruction, nous pouvons faire une étude profitable de notre propre situation au point de vue de l'enseignement.

CHAPITRE IV

# Les Conditions actuelles de l'Instruction

Les professeurs et les historiens, aussi bien que les hommes d'Etat pratiques, sont en général d'accord pour admettre qu'un gouvernement sera bon ou mauvais suivant que le niveau de l'instruction du peuple sera élevé ou bas. Lorsque le peuple est instruit, le gouvernement est stable et efficace; s'il en est autrement, le gouvernement est sans autorité et corrompu. En fait, l'instruction du peuple est à la base de tout progrès national.

Comme cela a été expliqué dans le chapitre premier de la deuxième partie, nos ancêtres avaient élaboré un système d'enseignement assez complet. Les écoles étaient divisées en écoles communes, collèges et universités, et il était donné une grande importance au développement intellectuel et physique, et tout particulièrement au développement du caractère. Les dynasties plus récentes eurent l'idée de recruter les fonctionnaires par voie de concours, et en conséquence, l'instruction n'était considérée que comme un moyen d'obtenir des avantages officiels. L'instruction n'était pas obligatoire et celui qui n'avait aucun désir de devenir fonctionnaire n'était nullement encouragé à s'instruire. Avec les siècles, le système des examens et des concours devint suranné et dégénéra, comme l'a fait remarquer un sinologue, en une « fabrique de dactylographes intellectuels ». Soumis à l'épreuve des besoins modernes, ce système fut reconnu non seulement insuffisant mais mauvais et, en 1904, il fut aboli par rescrit impérial. Un système nouveau d'instruction publique, destiné à développer l'intelligence et la productivité du peuple, fut adopté pour le pays tout entier. A un point de vue, ce système est nouveau, en tant qu'il s'écarte du système « *K'o-Chu* » qui était discrédité ; mais, d'autre part, il n'est qu'un retour à l'état antérieur au *K'o-Chu,* et nouveau seulement en apparence. En fait, l'expérience en matière d'instruction nouvelle n'a pas été grande, et, dans ces conditions, des erreurs par action ou par omission sont inévitables. Nous considérerons maintenant l'état actuel de l'instruction à l'aide de statistiques, et noterons ensuite certaines tendances de l'enseignement.

## I. — STATISTIQUES RELATIVES A L'ORGANISATION ACTUELLE DE L'ENSEIGNEMENT

Avant l'établissment du nouveau système d'instruction, il y avait, à Pékin, le collège des Langues, où l'on enseignait les langues européennes. Une Ecole d'architecture navale était établie à Foochow, et une Ecole navale fut créée plus tard à Tientsin. Ces trois écoles étaient destinées à répondre aux besoins du moment, à savoir développer des aptitudes particulières, et ne faisaient nullement partie d'un programme nouveau d'enseignement. Quand, plus tard, un tel système d'enseignement fut adopté, un Ministère spécial de l'Instruction Publique fut créé, et, comme résultat, le système commença à donner des résultats précis.

D'après les statistiques du premier recensement scolaire publié en 1907, le nombre total d'écoles et de collèges fut estimé à un peu plus de 37.000, et celui des étudiants à 1.013.000. Ces chiffres sont insignifiants si on les compare à ceux des autres pays, cependant, ils sont très encourageants, pour la raison qu'ils représentent les progrès accomplis pendant les trois premières années du nouveau régime. La période d'essai a été courte mais les résultats obtenus ont été encourageants. Dès que la République fut instituée, le mouvement en faveur de l'instruction prit un nouvel essor. Dans de multiples réunions et conférences, on rechercha les meilleurs moyens de favoriser les progrès de l'enseignement, et l'on étudia les systèmes adoptés en Orient et en Occident, en vue de trouver des méthodes appropriées à la nouvelle République. Le Ministère de l'Instruction Publique fut réorganisé, et trois nouveaux services furent créés pour diriger l'Enseignement général, l'Enseignement Technique, et l'Enseignement Social. La première de ces Directions comprend les écoles normales destinées à former les professeurs, les écoles primaires, les écoles moyennes et les écoles industrielles; la seconde, les universités, les écoles techniques et le recrutement des étudiants qui doivent aller à l'étranger pour y faire des études ; la troisième, les bibliothèques publiques, les musées et les salles pour conférences populaires aux illettrés ou à ceux qui se trouvent dans l'impossibilité de fréquenter les écoles ordinaires.

Les écoles normales sont divisées en écoles normales ordinaires et écoles normales supérieures ; ces dernières sont établies et subventionnées par le Gouvernement central. Actuellement elles sont au nombre de six, et sont situées à Pékin, Wuchang, Nanking, Canton, Ch'engtu et Mukden. Dans chacune d'elles il y a les sections suivantes : section préparatoire, section des collèges, section des séminaires et section spéciale. A Pékin il y a, en outre, une école normale supérieure de jeunes filles. Les écoles ordinaires, au nombre de 180, relèvent des autorités provinciales. Au programme de ces écoles figurent non seulement les matières nécessaires à la formation des futurs profeseurs, mais encore tout ce qui répond à des besoins régionaux, par exemple à l'agriculture et le commerce. Dans les écoles de filles il y a également des cours de jardinage et de travaux de couture. Comme les écoles normales forment la base du système d'instruction moderne, une importance égale est donnée à la culture générale et aux connaissances pratiques.

Les écoles moyennes sont établies par les gouvernements provinciaux ; leur nombre dépasse maintenant plus de 160. Leur programme est celui qui est adopté en général pour les écoles secondaires, et comprend, en outre, un cours de morale. Lorsque les écoles moyennes sont destinées aux jeunes filles, on y enseigne aussi l'économie domestique, les travaux de couture et le jardinage. L'enseignement de la morale a pour but de donner aux étudiants des écoles moyennes une bonne base d'éducation. Ces élèves constituent la masse de la communauté, et leur instruction, en conséquence, doit être à la fois intellectuelle et morale ; sans cela, les bases de la société ne seront jamais saines. Avec le temps, le nombre des écoles primaires augmentera naturellement, et il sera alors possible d'avoir une école moyenne par district, au lieu d'un groupe de district ou de toute une province, et le fait qu'un district possède une école moyenne est une preuve suffisante de progrès en matière d'instruction.

Il y a deux degrés d'écoles primaires : les écoles primaires supérieures et les écoles primaires élémentaires. Les premières sont établies par les administrations des districts, et sont destinées à servir d'intermédiaire entre les écoles primaires du degré inférieur et les écoles moyennes. Leur programme tient, dès lors, le juste milieu entre ceux des deux autres. Leur total pour tout le pays dépasse 7.000 pour les écoles de garçons, et 600 pour les écoles de filles, soit ensemble près de 8.000: Ces dernières sont établies par des comités gouvernementaux locaux ; cependant un assez grand nombre d'entre elles récemment établies sont entretenues par des donations et souscriptions de particuliers. Le nombre total est de cent dix mille pour les garçons et de trois mille pour les jeunes filles ; si l'on ajoute les 800 écoles primaires supérieures, on arrive à un nombre total d'écoles primaires, supérieur à 120.000.

En 1915, le Ministre de l'Instruction Publique publia un certain nombre d'ordonnances réglementant l'instruction primaire ; le but essentiel est d'en faire la base de toute l'éducation. C'est pourquoi une attention particulière est attachée à développer les enfants physiquement, intellectuellement et moralement. Aux connaissances que les enfants doivent acquérir pour devenir de bons citoyens, on ajoute l'enseignement des vertus civiques. Chacun reçoit un enseignement conforme à ses aptitudes, ce qui permet de donner à tous les bases nécessaires pour la réalisation de leurs ambitions dans la vie. Conformément au programme du Ministère de l'Instruction Publique, l'instruction sera obligotoire pour tous à partir de 1921. Si ce programme peut se réaliser, tous les enfants de sept à treize ans devront fréquenter l'école et dans dix ou vingt ans, tous les enfants d'âge scolaire sauront lire et écrire.

Les écoles industrielles deviennent de plus en plus importantes, pour la raison qu'elles enseignent aux élèves à se suffire à eux-mêmes. L'instruction les rend indépendants et le pays devient prospère. Maintenant que toutes les nations recherchent les moyens de s'enrichir, nous ne pouvons pas nous permettre de rester trop loin en arrière. Il y a dans ces écoles, deux degrés, le degré A et le degré B. Celles du degré A prennent les élèves sortant des écoles primaires supérieures, et celles du degré B, les élèves qui ont terminé leurs études dans les écoles primaires élémentaires. Dans les unes et les autres il y a des cours d'agriculture, de commerce, de navigation commerciale, d'économie domestique pour les ouvriers industriels. Ainsi chaque élève des deux sexes peut utiliser ses aptitudes au profit de la société et travailler ainsi pour le bien commun. Ceux qui désirent pousser plus avant leurs études dans une branche spéciale, peuvent entrer dans les écoles techniques supérieures.

Les universités ont pour objet l'enseignement du degré le plus élevé, et leurs programmes sont les mêmes dans tous les pays, à quelques détails près. En Chine, d'après les règlements du Ministère de l'Instruction Publique, il y a deux facultés principales, celle des Arts et celle des Sciences. Dans la première on enseigne, entre autres choses, le droit et le commerce, et dans la seconde la médecine, l'agriculture et la mécanique. Il y a actuellement trois universités gouvernementales, l'Université Nationale, à Pékin; l'Université Peiyang, à Tientsin, et l'Université Shansi, à Taiyuanfu. Récemment, en vue de coordonner leurs travaux et d'éviter ainsi de doubles emplois inutiles, les Universités de Pékin et du Peiyang ont fait un arrangement en vue duquel la première renonce en faveur de la seconde à l'enseignement du droit. Ce changement constitue, semble-t-il, une solution avantaguse, car il évite les doubles emplois et le gaspillage, et le travail réalisé dans chaque établissement pourra ainsi être rendu plus efficace.

Il y a, en outre, quatre universités qui fonctionnent grâce à des capitaux privés : les Universités Chung Kuo, Ming Kuo, Ch'ao Yang, à Pékin, et l'Université Chung Hua à Wuchang. L'Université d'Amoy et celles du Sud-Est et du Sud-Ouest, sont également parmi celles qui ont été créées à l'aide de capitaux fournis par les particuliers. Les cinq ou six universités qui existent sont manifestement insuffisantes pour la population de la Chine, et leur nombre augmentera lorsque le pays aura repris sa vie normale.

Les écoles techniques sont divisées en Ecoles de Droit, Ecoles de Médecine, Ecoles de Pharmacie, Ecoles d'Agriculture, Ecoles d'Ingénieurs, Ecoles Commerciales, Ecoles des Beaux-Arts, Ecoles de Musique, Ecoles d'Architecture Navale, Ecoles de Langues, etc. Elles peuvent être créées, soit par le Gouvernement Central ou Provincial, soit par des fondations privées. Celles qui sont créées par le Gouvernement Central sont soumises au contrôle du Ministère de l'Instruction Publique: tel est le cas pour l'Ecole de Droit, l'Ecole d'Agriculture, l'Ecole des Ingénieurs, l'Ecole de Commerce, l'Ecole de Médecine et l'Ecole des Beaux-Arts, à Pékin. Chaque province possède une Ecole de droit créée par le Gouvernement provincial, et il y a en outre six Ecoles d'Agriculture, six Ecoles d'Ingénieurs, quatre Ecoles de Médecine et trois Ecoles de Langues. Les écoles privées reconnues par le Ministère de l'Instruction Publique sont au nombre de trente-six en tout; ce sont des Ecoles de Droit, des Ecoles de Mines, des Ecoles de Commerce et des Ecoles d'Ingénieurs.

Il y a, en outre, les institutions spéciales suivantes : deux Ecoles d'Ingénieurs reconnues par le Ministère des Communications, établies à Tangshan et à Shanghaï ; l'Ecole de Langue Russe, dirigée par le Ministère des Affaires Etrangères ; l'Ecole de Médecine pour l'armée, l'Ecole d'Intendance et les Ecoles d'Officiers, sous le contrôle du Ministère de la Guerre ; les Ecoles navales sous le contrôle de la Marine ; l'Ecole d'Aviation et l'Ecole de Topographie sous le contrôle de l'Etat-Major général, et les Ecoles établies en vue de l'étude de sujets particuliers, tels que les finances, la filature et le tissage, le développement agricole, les douanes, les postes et télégraphes, l'administration des chemins de fer, etc. En les ajoutant aux Ecoles techniques, nous arrivons à un total d'environ 140 écoles.

On commença à envoyer des jeunes gens à l'étranger pour y faire des études, il y a environ cinquante ans: une centaine d'étudiants se rendirent en Amérique et en Europe pour y étudier l'Architecture navale. Depuis cette époque, le mouvement est devenu de plus en plus populaire et, il y a dix ans, il n'y avait pas moins de vingt mille étudiants, envoyés par le Gouvernement, ou agissant de leur propre initiative, qui étudient au Japon, en Angleterre, en France, en Belgique, en Russie, en Allemagne, en Autriche et aux Etats-Unis. C'est au Japon que se rendirent le plus grand nombre de ces étudiants, parce que le Japon est plus près de la Chine que ces autres pays, et que la vie y est moins chère.

A l'époque où le mouvement était le plus populaire, un grand nombre des étudiants envoyés à l'étranger n'avaient pas même terminé leur instruction préparatoire. Un telle préparation insuffisante étant préjudiciable, le Ministère de l'Instruction Publique décida, en 1916, que les étudiants envoyés à l'étranger aux frais de l'Etat devaient être diplômés de l'une des sections de l'Université ou d'une Ecole technique. Cette condition est nécessaire, bien qu'un peu dure pour ceux qui ne peuvent obtenir de diplômes. Si leur préparation est suffisante, les étudiants sont à même de poursuivre avec le plus grand fruit leurs études supérieures à l'étranger, et l'on évite ainsi la perte de temps et d'énergie inévitable pour ceux qui ne sont pas déjà suffisamment préparés dans leur propre pays.

L'instruction sociale est organisée dans le but d'accroître la somme des connaissances du peuple en général, et d'élever sa capacité de production en vue de la prospérité du pays. Depuis la création, au Ministère de l'Instruction Publique, d'une section spéciale à cet effet, le progrès a été rapide. Il y a aujourd'hui dans tout le pays 185 bibliothèques, 286 bibliothèques populaires, 1.890 salles de lectures populaires et 733 groupes de professeurs parcourant les provinces. Malheureusement, par suite des frais relativement trop élevés et de l'insuffisance de ressources pécuniaires, il n'y a pour ainsi dire pas de musées publics ou des Beaux-Arts.

## II. — LES TENDANCES DE L'ENSEIGNEMENT

Après avoir brièvement examiné l'état actuel de l'Enseignement, considérons maintenant la situation au point de vue historique, en insistant spécialement sur les tendances actuelles de l'Enseignement.

Après l'abolition de l'ancien système « *K'o Chu* »

d'examens, et l'introduction du nouveau régime d'enseignement, un mouvement se dessina en faveur d'une Chine plus forte, — une Chine plus forte grâce à un Gouvernement constitutionnel et à une grande armée. En conséquence, à cette époque, l'enseignement du droit et de l'instruction militaire étaient particulièrement en faveur. Entre 1905 et 1911, parmi les étudiants revenant de l'étranger qui furent examinés par le Ministère de l'Instruction Publique, 860 étaient des étudiants en droit. Ce nombre représentait à peu près les quatre cinquième du nombre total des étudiants inscrits. Il n'en restait donc qu'un cinquième se destinant à d'autres professions.

Tout est différent aujourd'hui. De 1912 à 1917, seulement quatre-vingt-trois étudiants en droit parmi ceux qui revenaient de l'étranger, se firent inscrire au Ministère de l'Instruction Publique ou y passèrent des examens. D'après les rapports des directeurs d'études à l'étranger, le nombre des étudiants chinois qui reçurent des diplômes à l'étranger, de 1917 à 1919, se décomposait comme suit : Europe, 19 ; Etats-Unis, 60; Japon, 147 ; total : 226. Sur ce nombre, 11 avaient étudié les sciences ; 25, la médecine ; 18, l'agriculture ; 80, la construction ; 24, le commerce ; 16, les mines ; et 43 seulement, le droit.

Les études militaires subirent à peu près le même sort. Il y a une dizaine d'années, il y avait une école militaire par province, ayant de 100 à 500 élèves. Les meilleurs élèves de chaque province étaient envoyés au Japon pour y recevoir l'instruction en qualité d'officiers dans des écoles militaires. Dans l'ensemble, il ne fut pas envoyé au Japon moins de dix groupes, composés chacun de 40 à 100 étudiants. Maintenant les écoles militaires des provinces sont fermés, et depuis longtemps on a cessé d'envoyer des officiers d'avenir au Japon. Il ne reste plus qu'une seule Ecole Militaire à Pékin, et quelques écoles qui donnent un enseignement rudimentaire des questions militaires dans les provinces, bien qu'il y ait encore quarante ou cinquante étudiants militaires et navals à l'étranger. « Lorsque le pays est prospère, il peut être facilement administré ». « Une armée nombreuse ne devrait pas être entretenue, tant qu'il n'y a pas assez de nourriture pour toute la nation ». Ces adages des anciens sages sont vrais jusqu'à un certain point, même de nos jours, et ce changement des tendances de l'enseignement est une preuve éloquente du réveil de notre peuple.

Lorsqu'on commença à créer des écoles modernes, spécialement des écoles gouvernementales, on prodigua des encouragements aux étudiants qui paraissaient devoir être brillants sujets. Aucuns droits d'inscription ou frais d'enseignement n'étaient exigés ; et les étudiants n'avaient même rien à payer pour leur logement et leur nourriture, ni pour leurs livres, ou la papeterie, etc. Parfois même, ils recevaient une allocation mensuelle, et à la fin de leurs études, il leur était donné des grades, des décorations et même des emplois publics. Et cependant les écoles « modernes » n'étaient pas aussi populaires qu'aujourd'hui.

Depuis l'établissement de la République, cependant, non seulement toutes les allocations et décorations ont été supprimées, mais encore tous les établissements ont été obligés d'exiger une rémunération et d'autres rétributions. (Cependant, même aujourd'hui, certaines écoles préfèrent conserver l'usage ancien, mais le nombre de ces écoles est presque nul.) D'autre part, l'instruction moderne est de plus en plus recherchée, et aux examens d'entrée, le nombre des candidats dépasse toujours celui des places disponibles. Alors que jadis les écoles devaient faire des efforts pour remplir leurs dortoirs et leurs salles de cours, maintenant elles se préoccupent de leur manque d'installations et de l'insuffisance du personnel enseignant. Nous pouvons ici constater une fois de plus, que le pays se rend de mieux en mieux compte que l'instruction est la première condition du progrès.

Lorsque les réformes modernes furent introduites, il y avait un manque de spécialistes pour les appliquer. Pour satisfaire à la demande, un grand nombre d'établissements furent créés pour fournir le plus rapidement possible le personnel nécessaire, et beaucoup de jeunes étudiants, de jeunes fonctionnaires et des professeurs de l'ancien type, allèrent en masse au Japon, pour y suivre « rapidement » des cours spéciaux. La demande était pressante, et dès lors ce fut à la hâte qu'on s'efforça de former les futurs spécialistes. Nous avons maintenant à déplorer cette imprévoyance; cependant, il nous faut être indulgents et comprendre les raisons de cette précipitation. Au surplus, cet état de choses ne dura relativement pas très longtemps. Les bases étant bien établies, on commença à comprendre la nécessité d'une préparation complète, et nombreux sont ceux qui sont disposés à consacrer de nombreuses années d'études à la préparation de leur tâche future. La comparaison des statistiques pour 1907 et 1914 en est une preuve. La première différence significative consiste dans la décroissance du nombre de ceux qui suivent des cours « abrégés », et la seconde, dans l'augmentation du nombre des étudiants qui se consacrent à l'étude des matières spéciales et pratiques. C'est ainsi que le nombre des étudiants qui se spécialisent a doublé, et que celui des étudiants qui se consacrent à des questions pratiques a quintuplé. C'est là une nouvelle preuve du réveil général du peuple.

Dès le commencement de la Grande Guerre en Europe, de nombreuses idées nouvelles ont grandement impressionné notre peuple : par exemple l'idée d'initiative et la volonté personnelle. C'est là le motif qui semble prédominer pour le moment dans les tendances de l'enseignement. Ces idées ne tarderont pas à être mieux assimilées qu'elles ne le sont aujourd'hui; c'est-à-dire que l'initiative et la détermination individuelles devront se compléter par le respect de soi-même, et l'empire sur soi-même. Les générations nouvelles seront ainsi armées pour faire de bons citoyens dans la nation de demain. Cet état d'esprit d'énergie agissante s'étendra graduellement du domaine de l'instruction à celui de l'industrie, et alors notre peuple cessera d'être irrémédiablement sous la dépendance d'autrui comme il l'a été dans le passé.

Grâce à ces tendances progressives de l'instruction, le nombre des écoles et des étudiants a dû naturellement augmenter dans des proportions considérables. Par suite de troubles politiques récents, il est difficile de se procurer des statistiques qui soient à jour. La plupart des provinces ont donné des faits et des chiffres ; quelques rares provinces lointaines n'en ont rien fait. Toutefois, la comparaison deschiffres pour 1907 et 1916 est suffisante pour notre démonstration. En 1907, il y avait 37.000 écoles et collèges avec 1.013.000 élèves ; les dépenses s'élevaient à 17.190.000 dollars et la valeur des biens et propriétés des écoles à 32.230.000 dollars. En 1916, le nombre des écoles s'élevait à 130.000, celui des élèves à 4.300.000 et la valeur des propriétés des écoles à 103.280.000 dollars avec des dépenses n'atteignant que 37.470.000 dollars. En d'autres termes, le nombre des écoles et des élèves avait quadruplé, tandis que les dépenses avaient seulement doublé. La lenteur du progrès est due à l'insuffisance des sommes qui ont été consacrées à l'instruction, et nous devrions prendre des mesures pour y porter remède.

Ce n'est pas tout ; faisons un pas de plus, et nous aurons plus de regrets encore. Les 4.300.000 étudiants chinois ne représentent qu'environ un pour cent de notre population totale, qui est de 400.000.000, alors que la proportion est beaucoup plus élevée dans les pays étrangers ; c'est ainsi qu'en Angleterre, en Amérique, en France, en Allemagne, au Japon, la proportion pour cent oscille entre 12 et 18. D'un autre côté, il y a 130.000 écoles et collèges pour 4.300.000 élèves, soit une moyenne de 33 élèves par établissement, alors que la moyenne, par établissement est, en Angleterre, de 260 ; en Allemagne de 160, et au Japon de 250. Le budget de ces 130.000 écoles et collèges ne s'élève qu'à 37.470.000 dollars, soit pour chaque établissement moins de 300 dollars par an. Leurs biens et propriétés évalués à 105.280.000 dollars, ne représentent, pour chacun d'eux, que 800 dollars. D'après cela, nous pouvons nous faire une idée de l'insuffisance complète de notre organisation et de notre outillage scolaires.

Comme on l'a noté dans le chapitre IV de la première partie, les tendances d'après-guerre, en matière d'enseignement, parmi les nations belligérantes, en Occident, s'exercent dans le sens d'un développement de l'instruction auxiliaire et démocratique ; de la culture des aptitudes diverses des individus ; et spécialement des applications pratiques de la science. Si tel est le programme de reconstruction jugé nécessaire par les nations prospères de l'Occident, combien, nous, qui sommes arriérés presque en toutes choses, devrions-nous marcher plus énergiquement de l'avant ?

Comme nos écoles ne sont fréquentées que par un pour cent de la population, la mesure qui s'impose à nous la première, est de rendre l'instruction aussi générale que possible. Il semble que des vacances inutilement longues font perdre trop de temps. Même les nations occidentales se préoccupent de fortifier leur situation commerciale et industrielle en associant l'instruction au commerce, à l'industrie et aux autres branches de l'activité sociale. Nous devons faire comme elles. Une méthode qui se suggère d'elle-même consiste à créer des écoles d'été et des écoles d'hiver, comme en Occident, permettant à ceux qui le désirent de s'y instruire en mettant à profit le temps dont ils disposent pendant les vacances de l'été et de l'hiver. Naturellement, nous aurons pour réaliser notre plan, à modifier le système selon nos besoins.

On pourrait, à cet effet, faire parcourir chaque province, pendant les vacances scolaires, par des groupes de professeurs qui feraient des conférences sur l'industrie. C'est ainsi que la soie et le thé étant produits en abondance dans le Kiangsu et le Chekiang, les professeurs expliqueraient aux étudiants les industries de la soie et du thé dans le monde, en général, et leur feraient connaître les mesures que nos producteurs devraient prendre pour rendre la concurrence possible avec le reste du monde. Comme le Shansi et le Hupeh sont les principaux producteurs de charbon et de fer, les professeurs feraient porter leurs cours sur les conditions de l'industrie du fer et du charbon à l'étranger, et indiqueraient par quels moyens on pourrait accroître notre production ; il y a cinquante-deux dimanches dans une année, et aussi un certain nombre d'autres jours fériés. On pourrait facilement établir les programmes de telle sorte que ces cours pourraient dans toutes les écoles être faits à tour de rôle. A leur arrivée dans une localité déterminée, les professeurs pourraient réunir tous les étudiants dans une salle et admettre aussi quiconque désirerait s'instruire. Le peuple pourrait ainsi acquérir des connaissances nouvelles et, en conséquence, appliquer utilement celles-ci au commerce et à la vie politique. Ce projet, qui n'entraînerait pas de grandes dépenses, produirait cependant des résultats bienfaisants presque immédiats.

Quand nous parlons d'instruction auxiliaire, nous présupposons que l'instruction est déjà générale. Mais par suite de l'âpre lutte pour l'existence, la partie la plus pauvre de la population ne peut se consacrer à des études supérieures ; et il est par conséquent nécessaire de procurer à tous des facilités égales, leur permettant d'obtenir les avantages de cette instruction. Pour nous, en Chine, la question qui se pose, est celle de savoir si l'instruction doit être générale ou non, car il est prématuré de se demander si une instruction supérieure est accessible aux classes pauvres. Quoiqu'il en soit, les écoles destinées aux pauvres deviennent de plus en plus nombreuses, et il est fait également des cours accessibles à ceux qui travaillent la moitié de la journée et étudient l'autre moitié de la journée. On ne peut donc pas dire que nous négligeons la partie la moins forte de la population, bien que chez nous, l'enseignement ne soit pas encore général.

Un auteur étranger, Newark, a fait remarquer que désormais la coordination des tendances individuelles et des tendances sociales est l'objectif principal de tout enseignement. Telle semble être la meilleure politique à adopter aujourd'hui pour notre peuple. Pendant toute son histoire, le peuple chinois a surabondamment prouvé sa bravoure, ses vertus et ses aptitudes individuelles. Désormais, nous devons de plus en plus cultiver nos instincts sociaux, notre esprit national. Ainsi le peuple chinois ne sera pas seulement cultivé et indépendant, mais encore il aura l'esprit de solidarité sociale et sera prêt à travailler pour le plus grand bien et le plus grand nombre. Pour inculquer des principes aussi sains, nous devons compter surtout sur les maîtres d'écoles, parce que les élèves d'aujourd'hui grandiront rapidement et deviendront les citoyens de demain. La tâche qui incombe à nos maîtres d'école peut ne pas être facile, mais s'ils parviennent à inculquer ces principes dans l'esprit des élèves, leur récompense ne sera nullement insignifiante. Quant aux autres points du programme d'enseignement des nations occidentales, ou bien ils ont été adoptés (tout au moins dans une certaine mesure), par nos écoles ; ou bien ils sont pour nous de moindre importance. Dans le chapitre II de la troisième partie, nous esquisserons une politique d'enseignement qui, étant donné les conditions actuelles telles qu'elles ont été exposées plus haut, nous conviendra probablement mieux que toute autre qui serait empruntée à l'étranger.

# TROISIÈME PARTIE

# LA CHINE DE DEMAIN ET LE MONDE

## CHAPITRE PREMIER

# Les ardentes espérances du Monde à l'égard de la Chine

Dans la première partie de cette étude, nous avons signalé la pénurie de vivres et de matières premières et le problème du chômage dans les pays d'Europe récemment sortis de la guerre, et les efforts qu'ils faisaient pour se libérer des charges économiques et financières qui pesaient sur eux. Dans la seconde partie, nous avons passé en revue les abondantes ressources naturelles de la Chine, les possibilités énormes du développement de notre industrie et de l'accroissement de notre production.

Ces deux faits montrent clairement comment la Chine et le Monde dépendent l'un de l'autre pour leur développement futur. L'Europe, éprouvée par la guerre, s'attend à recevoir l'assistance de la Chine en vue de son rétablissement économique et de sa reconstruction. Les Etats-Unis et le Japon ont, il est vrai, retiré des avantages économiques de la Grande Guerre. Mais ces avantages doivent être consolidés. En d'autres termes, l'Amérique et le Japon, aussi bien que l'Europe, tournent leurs yeux vers la Chine en vue de résoudre leurs problèmes urgents, notamment pour obtenir des matières premières en quantités suffisantes, un marché de consommation pour leurs produits finis, un champ d'action pour l'excédent de leurs capitaux et l'utilisation de leur excédent de compétences.

Comme les Etats-Unis, la Chine dispose d'un vaste territoire et de grandes richesses naturelles. Contrairement aux Etats-Unis, notre développement industriel est encore dans l'enfance, les produits de la terre ne s'élevant qu'à trente ou quarante pour cent de ce qu'ils devraient être. Si, plus tard, nos richesses minérales devaient être entièrement exploitées et notre production considérablement accrue, la Chine et l'Amérique pourraient avoir un rang égal des deux côtés du Pacifique, et ensemble, fournir au monde l'excédent de leurs matières premières. Lorsque ce jour viendra, la Chine sera à même de répondre au plus cher espoir du monde, en se classant parmi les plus grands fournisseurs de matières premières.

En plus de notre vaste territoire et de grandes richesses naturelles, nous avons une population plus grande que la plupart des pays du monde. Lorsque la situation économique se sera améliorée, le pouvoir de consommation de 400.000.000 d'habitants sera remarquable. Jusqu'à présent, le commerce étranger de l'Australie a été à peu près égal au nôtre, et, considérant la faible population de ce continent, son pouvoir de consommation est très grand et, en conséquence, attire grandement l'attention du monde. Cette capacité de consommation est d'environ 150 dollars-or par tête et par an; tandis qu'en Chine, il ne s'élève, par tête, qu'à 2.50 dollars-or. Cette faible proportion n'est évidemment que temporaire. Avec un rapide développement de notre industrie, il n'est pas impossible que notre consommation atteigne, par tête, celle de l'Australie, ce qui porterait notre commerce extérieur annuel à 64.000.000.000 de dollars-or, soit soixante-quatre fois ce qu'il est aujourd'hui. Cette perspective est peut-être quelque peu ambitieuse, mais elle reste dans les limites d'une réalisation possible. Quand notre prospérité en sera arrivée là, la Chine sera un des plus grands marchés internationaux pour les produits ouvrés; et elle répondra, ainsi, au deuxième espoir du Monde.

Pour atteindre un commerce extérieur 64 fois plus important que celui d'aujourd'hui, nous devons d'abord accroître le pouvoir de production et le pouvoir d'achat de notre peuple. La meilleure manière d'agir ainsi consiste à développer jusqu'à l'extrême, nos industries. Nous devons développer nos industries minières et manufacturières, créer des voies de communications et des moyens de transports convenables, et fournir toutes autres facilités nécessaires pour le développement industriel. Tout cela exigera une large coopération de l'étranger, tant en capitaux qu'en techniciens, et c'est à peine si un pas a été fait dans cette direction. Dès que le mouvement industriel sera bien en marche, les occasions d'utiliser l'excédent de capital et les aptitudes techniques des pays prospères, seront considérables et multiples. Alors la Chine aura répondu au troisième espoir du monde.

En présence de cette situation, les hommes d'Etat des divers pays attirent sans cesse l'attention de leurs concitoyens sur la Chine, et les espoirs que fait naître l'avenir de ce pays, forment le thème important des discussions dans la presse européenne et américaine. Cette attitude apparaît peut-être le mieux dans un article de fond du *New-York Times*, au mois d'avril 1918. Il attirait l'attention sur la situation du Pacifique après la guerre, disant que l'Extrême-Orient deviendrait plus tard, le plus grand marché international, et l'Océan Pacifique le moyen de communication le plus important pour le commerce international. Nous avons ici, dans son expression la plus concise, la clef du développement futur de la Chine et du monde en général. C'est avec ces considérations présentes à l'esprit que nous passerons brièvement en revue les relations de la Chine avec les diverses puissances.

## I. — RELATIONS SINO-AMÉRICAINES

Dès sa naissance, la Confédération Américaine, se rendant compte de la nécessité de développer ses immenses ressources naturelles et de se tenir à l'écart des alliances compliquées des Etats européens, s'est strictement conformée à la doctrine de Monroë, et a concentré tous ses efforts plutôt sur le développement intérieur que sur les richesses extérieures. Avec le temps, son commerce et son industrie ont progressé à tel point que l'offre de ses produits fabriqués a de beaucoup dépassé la demande intérieure et que la recherche de débouchés à l'étranger s'est imposée. En 1899, John Hay, alors Secrétaire d'Etat, conclut pour la première fois des traités de commerce réciproques avec les nations européennes et parvint à faire accepter par les autres puissances la politique de la « Porte Ouverte » et le principe de « l'égalité réciproque » en Chine. Il était déterminé à agir ainsi par la foi qu'il avait dans les possibilités commerciales et industrielles de la Chine, et dans le rôle important que les Etats-Unis avaient à jouer dans le Pacifique. Dépourvue d'un tarif protecteur, la Chine paraissait susceptible de devenir le meilleur des débouchés ; aussi John Hay, en défendant la politique et de la « Porte Ouverte », entrevoyait-il dans l'avenir des relations commerciales et politiques plus intimes avec la Chine.

Le commerce entre les deux pays ne fut pas aussi intense qu'on l'avait espéré. Avant 1914, nos exportations aux Etats-Unis s'élevaient à 11 % de notre commerce total, et nos importations des Etats-Unis à 7 %. Même pendant la Grande Guerre, lorsque le commerce était pour ainsi dire arrêté avec l'Europe et était limité aux contrées baignées par le Pacifique, le progrès fut peu accentué. En 1918, nos exportations en Amérique ne s'élevèrent qu'à 22 % de notre commerce total et nos importations qu'à 15 %. Quelles que soient les causes de cette progression peu rapide, l'Amérique a dû apprendre, par la guerre, qu'il était nécessaire, d'une part, de rétablir l'équilibre dans le monde, et d'autre part, de favoriser la coopération internationale. C'est ce qui peut expliquer qu'elle soutient la doctrine de Monroë dans l'hémisphère occidental, alors qu'elle soutient en même temps la politique de la « Porte Ouverte » en Orient. On peut compter avec certitude que désormais elle s'intéressera plus que jamais à son commerce avec l'Orient et que nos relations avec elle deviendront plus étroites et plus intimes qu'elles ne l'ont jamais été.

## II. — RELATIONS ANGLO-CHINOISES

Les relations de la Chine avec la Grande-Bretagne remontent à une époque très ancienne. En 1860, la Chine accorda à la Grande-Bretagne le droit de créer une légation permanente à Pékin ; la Grande-Bretagne ayant en outre pris solidement pied à Hongkong, elle fût à même d'acquérir une prépondérance commerciale en Orient. La politique des hommes d'Etat britanniques a toujours été de consolider cette situation avantageuse et, tout en ouvrant la Chine au commerce international, de ne pas porter atteinte, de propos délibéré, à son indépendance. Cette politique concordait avec le principe de la « Porte Ouverte » et dès lors, la Grande-Bretagne fut le premier Etat à reconnaître ce principe lorsqu'il fut soumis à l'approbation des Puissances.

Au cours des soixante dernières années, la Grande-Bretagne a conclu successivement des alliances, d'abord avec la France, puis avec le Japon en vue de sauvegarder l'équilibre du pouvoir en Orient. Mais elle ne s'est jamais écartée de sa politique qui consistait à maintenir des relations amicales avec nous. Son commerce a toujours occupé la première place en Extrême-Orient jusqu'en 1914, époque à laquelle ce commerce fut gravement affecté par la guerre mondiale. Cette lutte gigantesque étant maintenant terminée, la Grande-Bretagne s'efforce de reprendre sa situation commerciale d'avant-guerre. L'année dernière et cette année, des congrès de toutes les Chambres de Commerce britanniques en Chine eurent lieu à Shanghaï, dans lesquels furent discutés les moyens de sauvegarder et d'accroître les intérêts commerciaux et l'influence britanniques en Chine. Sir John Jordan, alors ministre de Grande-Bretagne à Pékin, assista à la première séance. Un des moyens qui ont été adoptés consiste à créer une meilleure entente entre les commerçants anglais et chinois, et a été réalisé par la création de clubs A. B. C., à Tientsin et à Shanghaï, composés d'hommes d'affaires américains, anglais et chinois, qui se réunissent dans un but commun. Etant un grand pays industriel, la Grande-Bretagne est obligée de trouver des débouchés pour ses produits manufacturés, cela explique son ardent désir de reconquérir tout de suite le marché chinois, en s'assurant notre coopération, nécessaire à cet effet. Il est inutile d'ajouter que la Chine s'associe à ce désir et qu'elle est prête à faire plus que sa part pour aider la Grande-Bretagne à réaliser son louable dessein.

## III. — RELATIONS SINO-FRANÇAISES

L'Annam français étant proche du territoire chinois, les intérêts de la France dans le chemin de fer qui unit l'Annam à la province du Yunnan, ainsi que les relations diplomatiques anciennes entre les deux pays, donnent à la France une situation, en Extrême-Orient, non moins importante que celle de la Grande-Bretagne et des Etats-Unis. Les conditions dans lesquelles elle se trouve après la guerre font que son attention est de plus en plus dirigée vers la Chine, et il sera avantageux de trouver de quelle manière les relations entre les deux pays pourront être rendues plus étroites que par le passé.

Depuis la fin de la guerre, la France a concentré tous ses efforts sur la reconstitution des régions dévastées, la remise en état de ses industries désorganisées et le rétablissement de sa situation économique dans le monde. En conséquence, le problème le plus urgent pour elle a été de se procurer les denrées nécessaires à l'alimentation du peuple et des matières premières abondantes pour ses industries. A cet effet, elle recherche la coopération de la Chine et de l'Extrême-Orient. D'après des renseignements récents fournis par le service des Douanes Maritimes de Shanghaï, les navires français qui retournent en France sont chargés de lourdes cargaisons de denrées et de matières premières.

Malgré la paralysie momentanée de ses industries, l'acquisition des champs cotonniers de l'Alsace, des mines de fer de la Lorraine et du riche bassin houiller de la Sarre, ranimeront rapidement sa vie économique, et elle ne peut pas négliger les possiblilités que lui offre la Chine pour l'exportation future de ses produits manufacturés. Sa politique avisée et prévoyante l'a convaincue qu'elle doit s'assurer l'aide de la Chine intellectuelle pour développer, d'une façon permanente, son avenir économique dans le pays. De notre côté, nous reconnaissons la justesse de ses conceptions, car il n'existe pas de moyen de comprendre le peuple français et de coopérer économiquement avec lui, autrement qu'en envoyant nos étudiants dans ses écoles pour y apprendre à connaître son point de vue. C'est pourquoi tout effort tendant à réaliser un rapprochement intellectuel entre le peuple chinois et le peuple français, tel que la création d'une section d'études des classiques chinois, à l'Université de Paris, sera bien accueilli, car cela promet beaucoup pour l'avenir des deux pays.

## IV. — RELATIONS SINO-ITALIENNES

Les relations entre la Chine et l'Italie ont toujours été cordiales, bien que le commerce de ce dernier pays, en Orient, n'ait jamais été très développé. Avant la guerre, l'Italie n'avait aucune banque spéciale en Chine, ni aucune ligne de navigation entre les ports chinois et italiens. La guerre a, pour l'Italie comme pour la France, provoqué de grands changements dans la politique économique. D'anciennes industries ont été perfectionnées et de nouvelles ont été créées. Ses filatures ont fait des progrès notables et ses soies ont été classées parmi les meilleures de leur espèce en Europe. Manquant jadis de machines et de produits chimiques, qu'elle importait d'Allemagne, elle avait graduellement développé ces industries chez elle, lorsque la guerre mit fin à ces importations. Sa production annuelle de fer de 530.000 tonnes, a au moins doublé. De même, son industrie chimique a fait de rapides progrès, de sorte que ce pays possède aujourd'hui de nombreuses fabriques de poudre, d'explosifs, de matières colorantes, de médicaments et autres produits chimiques. Il semble que l'Italie soit décidée à s'emparer des marchés que l'Allemagne a perdus pour ses produits sidérurgiques et chimiques.

L'attention de l'Italie ne se porte pas exclusivement sur son marché intérieur, elle se porte également vers l'Extrême-Orient, le marché international de l'avenir. Se rendant compte de l'importance des facilités bancaires au point de vue du commerce international, les hommes d'affaires italiens ont fondé une Banque Sino-Italienne à Tientsin avec des succursales à Pékin et Shanghaï. Des négociations sont également en cours, pour la création d'une ligne de navigation entre les ports chinois et les ports italiens. Ces faits ont une importance toute spéciale, car ils marquent le commencement d'une ère nouvelle entre la Chine et l'Italie.

Une preuve nouvelle des intérêts de l'Italie en Orient est le fait que la Chambre de Commerce Sino-Italienne de Naples écrivit, au printemps de l'année 1920, à notre Ministre de l'Agriculture et du Commerce à Pékin, pour lui suggérer de quelle manière le commerce entre les deux pays pourrait le mieux être développé. La lettre faisait connaître qu'une exposition de produits chinois serait prochainement ouverte à Naples, et que les principaux produits qui pourraient le plus facilement trouver un débouché en Italie étaient les peaux, la laine, les graines de sésame, les arachides, les fèves, les huiles, le coton, les soies de porc, les céréales, le sucre brun, la porcelaine, la cire jaune, le charbon et le fer, les tapis, les cornes, les plumes, les œufs, les objets en bambou, les cheveux, les toiles de sacs et les tresses de paille. Pour répondre à ce désir, le Ministère de l'Agriculture et du Commerce s'adressa aux différentes Chambres de Commerce du pays, afin que des échantillons de ces marchandises fussent envoyés à l'exposition. Il faut noter que cette liste de produits que l'Italie cherche à se procurer chez nous ne se compose que de denrées alimentaires et de matières premières, et ces articles, la Chine est pleinement capable de les fournir.

## V. — RELATIONS SINO-JAPONAISES

Par suite de leur proximité géographique, la Chine et le Japon sont, au point de vue commercial, des nations d'autant plus interdépendantes, et leurs relations, d'autant plus complexes. Le Japon étant un empire insulaire, attend de nous la fourniture de matières premières et la consommation de ses produits manufacturés. En outre il entretient également l'espoir que nous pourrons utiliser l'excédent de ses capitaux et ses connaissanses techniques.

Il est généralement reconnu que le Japon produit peu de fer, de coton et de laine, et n'a qu'une quantité limitée de charbon. Dans un de ses livres, un publiciste japonais fait remarquer qu'une des leçons données par la dernière guerre, est le danger, pour un Etat, de dépendre, pour les matières premières essentielles, de contrées éloignées. Il se réjouit de ce que la Chine est très proche du Japon dont elle n'est séparée que par un bras de mer étroit, et il suggère en conséquence que ses compatriotes s'assurent la faculté de développer nos mines de fer et de charbon et celle de nous prêter de l'argent pour améliorer notre élevage et nos cultures de coton. Le coton de Chine n'est pas d'assez bonne qualité pour faire du fil, mais s'il est amélioré, il sera d'une grande utilité pour les industries de filature et de tissage du Japon. Ce qui précède prouve que le Japon est désireux de se procurer chez nous des matières premières.

En 1912, le Japon occupait la seconde place parmi nos clients importateurs, et cependant la valeur de ses importations dans ce pays-ci ne s'élevait qu'à 90.000.000 de taels, soit moins du cinquième de nos importations totales (480.000.000 taels). Pendant la guerre, le Japon fit de remarquables progrès, passa au premier rang des pays dans le commerce d'exportation en Orient. Cette situation fut le résultat du blocus de l'Allemagne et de l'Autriche, de l'arrêt pratiquement complet du commerce de la Grande-Bretagne et de la France, et de la déviation du commerce américain vers l'Europe belligérante. Dès ce moment là, les publicistes japonais commencèrent à soutenir que les progrès énormes qui avaient été réalisés devaient être consolidés avant la fin de la guerre. La note dominante de tous les écrits japonais, depuis la fin de la guerre, a été la nécessité de s'emparer du marché le plus proche, du marché qui offre les plus belles perspectives de commerce et les facilités de transport les plus grandes. Ainsi, aujourd'hui, le Japon compte sur la Chine comme débouché pour ses produits manufacturés.

En ce qui concerne l'utilisation de leurs excédents de capitaux et de techniciens dans ce pays-ci, les Japonais ne sont pas moins ardents. Même pendant la guerre, ils prêtèrent des capitaux considérables à notre gouvernement et à nos commerçants pour des entreprises industrielles. Lorsque le gouvernement américain proposa de former un nouveau consortium international pour financer la Chine, cette idée fut immédiatement approuvée par les capitalistes japonais, car ils comprenaient qu'il y avait ici un vaste domaine d'exploitation pour l'excédent de leurs capitaux et de leurs spécialistes dont les services, non seulement rapporteront des bénéfices considérables, mais encore contribueront à la prospérité de la Chine, du Japon, et des autres pays qui ont des intérêts en Extrême-Orient. L'avenir de la Chine et du

Japon sera, en conséquence, d'une complexité, d'une intimité et d'une interdépendance croissantes.

## VI. — NOS RELATIONS AVEC LA RUSSIE, L'ALLEMAGNE, LA BELGIQUE, ETC.

La Russie, notre voisine la plus proche, fut parmi les premiers Etats qui eurent des relations avec nous. Nous sommes entrés en relations d'affaires avec elle dès le dix-septième siècle. Bien qu'elle ait un vaste territoire, une grande population et de grandes ressources, nos relations avec elle sont plus ou moins suspendues par suite de la profonde désorganisation intérieure dont elle souffre. Dès que ses difficultés auront disparu, le commerce sera repris entre les deux pays, et nous pouvons entrevoir le moment où les relations entre la Chine et la Russie deviendront plus cordiales et plus étroites, comme il convient à deux nations ayant des milliers de kilomètres de frontières communes.

L'Allemagne commença à faire le commerce avec nous beaucoup plus tard que l'Angleterre ou la France. Au cours de la décade qui précéda la guerre, son commerce fit des progrès merveilleux et elle devint le plus grand pays producteur de produits chimiques du monde. Survint la grande guerre, et son commerce avec l'Extrême-Orient fut soudainement arrêté. Après l'armistice ses usines redevinrent immédiatement très actives. Les maisons de Hambourg écrivirent immédiatement à la Chambre de Commerce de Shanghaï, pour solliciter des commandes de leurs marchandises. Plus récemment, un grand nombre d'hommes d'affaires allemands sont revenus dans ce pays. Tout cela prouve qu'avant longtemps, les relations commerciales entre la Chine et l'Allemagne seront reprises et que le commerce deviendra florissant.

Au point de vue commercial et politique, il n'y eut pas autant de relations entre la Chine et la Belgique qu'entre l'un quelconque des pays ci-dessus. Mais la Belgique a pris une part d'intérêts dans nos chemins de fer, nos tramways et certaines industries minières. En outre, elle a une banque à Pékin. Maintenant que la guerre est finie, elle suit une politique de reconstruction. Nous pouvons donner beaucoup à la Belgique et recevoir beaucoup d'elle, et dès lors, les relations futures des deux pays deviendront plus étendues.

Il y a plus d'un million de Chinois très actifs et travailleurs dans les Indes Orientales néerlandaises et dans la partie néerlandaise de Bornéo. Ces colonies deviennent chaque jour de plus en plus prospères et elles le doivent pour beaucoup aux colons chinois. Il y a actuellement deux banques néerlandaises en Chine, et les produits des Indes Orientales néerlandaises, tels que le sucre, le café et le caoutchouc trouvent un marché tout préparé chez nous ; aussi les possibilités de commerce sino-néerlandais paraissent considérables.

Avant la guerre, l'Autriche avait des « concessions » en Chine et une ligne de navigation directe. Depuis lors, les « concessions » ont fait retour à la Chine et le service de la ligne de navigation a été suspendu. Il faut espérer que bientôt nos anciennes relations amicales seront reprises, et que le commerce sino-autrichien revivra sur un pied d'égalité et de réciprocité.

Nos relations commerciales avec le Portugal sont très anciennes. Grâce à un point d'appui solide à Macao, il joua un rôle important dans notre premier commerce d'exportation. Quoique récemment nos rapports avec le Portugal ne se soient guère développés, on peut prévoir que nos cordiales relations commerciales seront maintenues.

Il y a ensuite d'autres pays avec lesquels la Chine est entrée en relations commerciales, tels que la Suisse, la Norvège, la Suède, l'Espagne, le Danemark, le Brésil, le Mexique, le Chili, Cuba, etc. Bien que le commerce avec eux n'ait pas, jusqu'ici, été considérable, il est certain qu'avec le temps il progressera.

Lorsque, à l'avenir, les communications entre les différentes parties du monde seront devenues plus rapides, l'échange des idées ainsi que celui des marchandises se développera nécessairement, et le reste du monde sera plus proche de nous que jamais. En même temps, ayant graduellement et constamment développé sa puissance en hommes et ses ressources naturelles, la Chine deviendra certainement un marché international d'une telle grandeur et d'une telle importance, que sa prospérité impliquera la prospérité du monde entier ; et le bonheur du peuple chinois, le bonheur de la race humaine tout entière.

---

## CHAPITRE II

# Les possibilités de la Chine

Le but général qui est poursuivi par l'établissement d'un gouvernement est le plus grand bien du plus grand nombre. Et, par le plus grand bien, nous entendons, en premier lieu, le développement de l'industrie permettant aux masses de gagner honnêtement leur vie ; en second lieu, l'encouragement de l'instruction générale pour élever le niveau moral et intellectuel ; et en troisième lieu, le développement d'un esprit national afin que chaque membre de la communauté remplisse ses devoirs à l'égard de la société en général. Si, en effet, la majorité des membres de la nation est pauvre à côté d'une minorité riche, ou si la majorité est ignorante et la minorité instruite, il y aura non seulement un mécontentement intérieur, mais aussi du mépris de la part de l'étranger. Après tout, la prospérité d'un pays ne dépend pas de la richesse de quelques individus ; de même, il ne peut non plus progresser par le travail d'un petit nombre d'hommes habiles. Il n'est pas de spectacle plus triste que de voir la majorité d'un peuple vivre dans la pauvreté et l'ignorance.

Pour favoriser la prospérité d'une communauté, le développement de l'industrie et celui de l'instruction doivent marcher de pair. La première fournit au corps le bien-être matériel, tandis que la seconde prépare l'esprit à des conceptions d'idéal plus élevées. La diplomatie, la politique, les affaires militaires et toutes les autres manifestations d'activité du gouvernement ne leur sont que subordonnées ; elles ne forment pas l'essentiel. D'un autre côté, le développement de l'instruction et de l'industrie exige du temps et présuppose la paix et l'ordre. Si les conditions intérieures ou extérieures sont troublées dans un pays, le développement du commerce et celui de l'instruction, ou de l'un et l'autre, en souffrira gravement.

Durant les quatre dernières années, le monde a vécu au milieu de difficultés horribles. Partout on entendait des appels en faveur de la paix ; hommes et femmes aspiraient aussi ardemment à la paix qu'à la lumière du jour. En Orient comme en Occident, le sentiment était le même. Heureusement la guerre a pris fin, et la paix est rétablie. La politique militariste de la « main gantée de fer » qui frappait de terreur l'esprit des hommes, est à jamais discréditée et nul n'ose plus prononcer son nom. Nous pouvons dire que, dans ces conditions, la Chine a le bonheur d'avoir une splendide occasion de succès à sa portée, il ne reste plus qu'à la saisir et à marcher de l'avant. Il dépend beaucoup de nous que nous ayons, au XX<sup>e</sup> siècle, une Chine nouvelle, meilleure que l'ancienne. Conscient de nos devoirs envers la République, nous désirons exprimer notre manière de voir sur la question du développement de l'industrie et de l'instruction.

## I. — LE DÉVELOPPEMENT DES INDUSTRIES DE LA CHINE

Nous avons déjà dit que le monde fonde sur notre pays des espérances énormes comme producteur de matières premières et consommateur de produits manufacturés. Mais, si abondantes que soient nos richesses naturelles et d'où que viennent les capitaux, le travail nécessaire pour développer ces ressources devra être fait par notre propre peuple. D'autres que nous-mêmes ne peuvent le faire et il ne faut pas leur demander de le faire à notre place, car ce serait semer des germes de discorde, dans l'avenir, ce qu'il faut éviter à tout prix. D'ailleurs, si vaste que puisse être la Chine, comme marché international au point de vue de la consommation des produits manufacturés, notre peuple doit d'abord augmenter son pouvoir d'achat, dans la mesure nécessaire ; autrement, il deviendra impossible pour nous de continuer à importer de l'étranger des produits manufacturés, — ce qui serait aussi désastreux pour la Chine que pour les autres pays. En aidant la Chine à développer ses richesses naturelles, le monde s'aidera lui-même. Dans ce cas la Chine pourra, d'une part, fournir aux autres nations le surplus de ses matières premières, et d'autre part, accroître la consommation des marchandises étrangères. Ainsi, les deux parties y trouveront leur avantage, et la Chine aura répondu à deux des plus ardents espoirs que le monde fonde sur elle.

Considérons la question à un autre point de vue : si le reste du monde se meurt d'inanition ou de froid, la Chine peut-elle jouir de la paix et de l'abondance ? ou, *vice versa*, si ce pays souffre de la faim et du froid, est-il possible que le reste du monde n'en soit pas affecté? La réponse doit manifestement être négative. L'humanité souffre ou est heureuse dans son ensemble et il n'est pas possible d'échapper à cette conclusion. La paix et la prospérité internationales ne peuvent naître que d'une harmonieuse coopération internationale.

Comme, en dernière analyse, l'origine de toute guerre se trouve dans le défaut de rapport convenable entre l'offre et la demande, il est de notre devoir, si nous voulons assurer la paix et la prospérité, de céder libéralement aux autres ce que nous avons en abondance. En augmentant notre production minérale et agricole, nous serons à même de fournir ces produits, en grandes quantités, aux autres nations en échange de marchandises que nous ne pouvons produire chez nous. En même temps, nous devons encourager, autant que possible, les industries locales qui ont pour objet la production d'articles de première nécessité. Des mesures prises en ce sens auraient un triple avantage : 1° l'idée de spécialisation économique sera mise en pratique ; 2° les dangers de la concurrence économique seront réduits au minimum, et 3° toutes les nations jouiront en paix, et sans heurts, des bienfaits d'un commerce légitime.

La politique que nous conseillons n'est nullement nouvelle, elle a des précédents. La Grande-Bretagne ne produit guère, en fait de matières premières, que du charbon et du fer. C'est pourquoi elle s'est consacrée de bonne heure au développement de l'industrie et du commerce, ce qui l'a rendue prospère. Les Etats-Unis au contraire, disposant d'abondantes richesses naturelles, ont, avant tout, travaillé à leur développement, et ils sont aujourd'hui parmi les principaux producteurs de matières premières. Après avoir organisé les industries agricoles et minières, ils donnent de l'essor à leurs manufactures. Les conditions de la Chine ressemblent plus à celles des Etats-Unis qu'à celles de la Grande-Bretagne, et, en conséquence, c'est l'exemple des Etats-Unis que la Chine doit suivre.

Il y a une autre raison pour laquelle le développement de nos manufactures ne doit pas passer avant celui de nos ressources agricoles et minières, ou même être traitée avec la même importance. Les manufactures exigent de grands capitaux, l'installation de machines coûteuses ainsi que des spécialistes et des ouvriers expérimentés. Tant que ces éléments font défaut, le succès est impossible. En fait, la Chine est faible au point de vue financier, et en outre elle ne dispose ni de l'expérience ni de l'habileté techniques nécessaires. Il ne serait pas sage, pour elle, de se lancer dans une exploitation pour laquelle elle n'est pas préparée. D'autre part, la mise en valeur de son domaine agricole et minier constitue pour elle un problème moins difficile à résoudre, bien que les industries agricoles et minières modernes exigent également des connaissances scientifiques et des machines perfectionnées, ces exigences cependant, sont plus faciles à satisfaire. En outre, la demande de tous ces produits est, dans son ensemble, à la fois plus régulière, et la concurrence est moins grande. Pour ces raisons, le succès nous est mieux assuré dans le domaine agricole et minier que dans celui des produits travaillés.

Dans la seconde partie de ce livre, nous avons dit que le système des petites tenures agraires a été largement pratiqué dans ce pays depuis les temps les plus reculés. C'est avec plaisir que nous constatons que ce système, jadis discuté dans les pays occidentaux, est de nouveau préconisé par leurs économistes. Il forme encore aujourd'hui la base de notre organisation sociale. Dès que l'âge de l'industrie succéda à celui de l'agriculture, les fermiers, en Occident, quittèrent la campagne pour envahir les villes. En obtenant des emplois dans des manufactures prospères, ils gagnent des salaires plus élevés et ils ont ainsi amélioré leur bien-être matériel, mais leur force morale a été amoindrie. En outre, il y a des querelles constantes entre le capital et le travail, et lorsque le désaccord ne peut être réglé à l'amiable, la société est momentanément désorganisée. Comme cet état de tension entre le capital et le travail constituait une menace pour l'équilibre social, déjà avant la guerre, des efforts énergiques ont été faits en faveur d'un retour à l'agriculture et au système des petites exploitations agricoles. On nous excusera de dire que si la guerre avait éclaté dix ans plus tard, l'Europe aurait peut-être moins souffert du désordre industriel. Nous ferons bien, dès lors, de nous en tenir à notre ancien système et de l'amélirer en tenant compte de l'expérience moderne.

D'un autre côté, on pourrait soutenir que c'est précisément ce système des petites exploitations agricoles qui a entravé le progrès de notre agriculture, parce que les petits cultivateurs sont généralement routiniers et dépourvus de l'esprit de coopération. S'ils ne sont pas obligés de changer leurs méthodes, ils continueront à se servir des mêmes outils et à employer les mêmes procédés d'irrigation que par le passé et ils n'apprendront rien en fait de culture scientifique. La réponse à cela est qu'il n'y a rien, dans le système actuel, qui s'oppose, en soi, à la réalisation de réformes profondes. Ce qui manque actuellement, c'est une organisation systématique, permettant à plusieurs petits agriculteurs d'acheter en commun les machines modernes nécessaires, d'établir des systèmes d'irrigation perfectionnés et d'adopter des procédés de culture scientifiques. Nous devons conserver les avantages de l'ancienne répartition des terres, et en éliminer les mauvaises méthodes. Le problème paraît être personnel, et ne tient pas au système lui-même qui peut devenir bon ou mauvais suivant que nous déciderons d'en faire un bon ou un mauvais usage.

En ce qui concerne l'industrie minière, bien qu'elle n'ait pas été inconnue de nos ancêtres, elle est encore à l'état embryonnaire. Il y a aujourd'hui une dizaine d'exploitations minières dans lesquelles des procédés scientifiques modernes sont utilisés pour l'extraction du charbon, du fer, du plomb, et de l'antimoine ; ailleurs ce sont toujours les méthodes primitives qui sont en vigueur. Cela explique pourquoi la production est faible, et c'est une situation qu'il importe d'améliorer rapidement.

Si nous voulons développer convenablement nos richesses agricoles et minières, tout en nous efforçant de fabriquer quelques articles d'usage courant, nous devrons créer un bureau central technique dont la fonction principale sera de favoriser et d'encourager ce développement. Ce bureau devrait comprendre au moins deux services auxiliaires : l'un, pour les statistiques de la production, et l'autre pour les analyses chimiques.

Le premier fera des recherches au sujet des ressources en matières premières, en denrées alimentaires, et en produits manufacturés d'usage courant, et établira des statistiques concernant leur production annuelle, la consommation locale, les quantités exportées à l'étranger et les commandes venant de l'étranger. Il fera des enquêtes agricoles sur l'état des récoltes, sur les qualités des différents terrains, sur les conditions géologiques des différentes régions et la situation des mines; il recherchera la proportion du métal contenue dans les minerais, les meilleures méthodes d'exploitation, et le montant du capital nécessaire à cet effet. Il se renseignera aussi sur les espèces et quantités de nos produits que peuvent demander les différents pays et sur nos propres besoins de leurs produits. Ces données comparatives pourraient être réunies en tableaux mensuels ou annuels à l'usage du public, qui pourrait, ainsi, savoir quand il doit vendre et ce qu'il doit vendre. En outre, si des particuliers désirent avoir l'avis de techniciens avant de s'engager dans une industrie, cet avis leur sera donné gratuitement ; et, même en ce qui concerne l'utilisation de techniciens et l'achat d'outillage, le service pourra parfois venir utilement à leur aide.

Le deuxième service procéderait à des analyses complètes du sol et des minerais des différentes provinces, et aussi des produits manufacturés susceptibles d'être étudiés dans un laboratoire. L'analyse du sol permettrait aux cultivateurs de connaître les propriétés particulières des terrains pour les diverses cultures, et de savoir si l'emploi d'engrais est ou non nécessaire. Si un sol est en lui-même propice à la culture, son rendement peut être augmenté par des procédés scientifiques ; d'un autre côté, s'il est pauvre, il peut être amélioré par les mêmes procédés. C'est grâce à ce moyen, — le traitement scientifique, — que l'agriculture est aujourd'hui si développée aux Etats-Unis.

Les produits minéraux sont rarement trouvés à l'état de pureté; ils sont généralement mélangés avec d'autres substances. Le service devrait soigneusement analyser les diverses espèces de minerais, distinguer les composés et déterminer le pourcentage de métal pur qu'ils contiennent. De cette manière, on saurait quelles sont les mines qui ont de la valeur, celles qui en ont moins et celles qui n'en ont pas. Celles qui sont riches devraient être immédiatement mises en exploitation et celles qui le sont moins pourraient être réservées pour plus tard, afin de ne pas perdre de temps, de l'argent ou de l'énergie.

Les produits manufacturés sont également, d'une façon générale, plus ou moins appréciés d'après la qualité des matières premières employées. Pour déterminer les qualités de ces matières, elles doivent être analysées chimiquement, et les résultats de ces analyses permettraient aux acheteurs éventuels de connaître la véritable valeur des articles. Elles permettraient également au gouvernement de déterminer certains produits-types pouvant servir de modèle. Les chimistes du service donneraient gratuitement leur concours à quiconque serait engagé dans des affaires régulières et légitimes.

Un bureau central établi sur ces bases exige évidemment un nombreux personnel technique et il faudra des mois et des années avant qu'il soit complètement organisé; mais, lorsqu'il le sera, il constituera une source très importante de renseignements pour notre commerce et notre industrie, en même temps qu'il facilitera grandement le développement de nos industries agricoles et minières. Cependant, à lui seul, ce bureau n'est pas suffisant. Il y a d'autres agences de coopération telles que la réforme douanière, l'unification du système monétaire, les facilités bancaires et de transport, etc., qui doivent aussi être développées et mises au point, car elles sont intimement liées au progrès de l'industrie. En ces matières, nous sommes déjà suffisamment en retard, et un nouveau retard serait un désastre pour l'avenir de notre développement industriel. Unissons donc nos efforts dans ce but.

## II. — LES PROGRÈS DE L'INSTRUCTION

Après une guerre, les désirs de paix sont des plus ardents et les plus nombreux, car avec le rétablissement de la paix tout revient à la vie normale. Mais pour qu'une paix soit durable, elle doit reposer sur des principes d'égalité et de justice. Si les conditions économiques d'un pays ne sont pas convenablement réglées, il s'ensuit une agitation sociale ; si le développement intellectuel de la masse du peuple reste bien au-dessous de celui des dirigeants, il ne peut y avoir aucune coopération harmonieuse. Un tel état de choses dans un pays suffit, éventuellement, pour rompre l'équilibre international, et rendre impossible une paix réelle et durable.

Il s'est écoulé environ vingt ans depuis que des écoles modernes ont été créées en Chine, et que l'ancien système des examens au concours a été aboli. Pendant cette période, l'instruction moderne a fait peu de progrès, par suite de la situation politique troublée du pays. Tout le monde se rend compte de l'importance de l'instruction et se réjouirait de ses progès, mais peu de personnes se sont mises à l'œuvre, et il n'y a pas eu de capitaux disponibles pour seconder leurs efforts. En 1912, le Ministère de l'Instruction a élaboré un projet d'instruction générale pour tout le pays, dont la réalisation prendrait huit ans. Il est profondément regrettable que ce projet n'ait pas encore été mis à exécution. Si, désormais, chacun de nos concitoyens consacrait ses efforts à cette tâche, nous sommes convaincus que des progrès surprenants seraient réalisés en quelques années, étant donné surtout que la situation politique extérieure et intérieure redevient peu à peu normale. Nous espérons que ceux qui ont à cœur l'instruction publique trouveront les moyens d'améliorer grandement le système actuel. A cet effet, un programme de réformes d'ordre général serait préférable à des suggestions isolées et c'est pourquoi nous nous permettons d'esquisser la politique générale qui pourrait être adoptée dans l'élaboration d'un tel programme.

Comme on le sait bien, le but de l'instruction est de former de bons et utiles citoyens, des hommes sobres, actifs, entreprenants, indépendants, respectueux de la loi, et animés d'un esprit national. Dans les anciens temps, on enseignait à nos jeunes gens à balayer les parquets de leurs maisons, et aux jeunes filles à laver leur linge. A travers les âges, des gouvernants exemplaires ont mis en pratique leur propre enseignement, en labourant eux-mêmes leurs champs et en menant une vie simple. C'est pourquoi nous avons dit que le travail et la sobriété étaient nos caractéristiques nationales. Malheureusement, dans ces dernières années, avec l'introduction de la civilisation occidentale, à une époque où les conditions anciennes et les nouvelles ne s'étaient pas encore harmonieusement adaptées les unes aux autres, notre peuple s'est mis à vivre dans l'insouciance et dans le luxe. Il en est ainsi parce qu'il a perdu de vue le fait que la civilisation ne consiste pas dans sa splendeur extérieure, mais dans la grandeur de son idéal national et moral.

L'économie et le travail peuvent aujourd'hui être exprimés en termes différents de ceux qu'employaient les anciens, mais l'idée fondamentale demeure essentiellement et inaltérablement la même. En Occident, on parle de la « dignité du travail » et de la « simplicité de la vie », ce qui, en réalité, n'est autre chose que l'économie et le travail. Ces idées sont communes à toutes les races et à tous les temps, en Occident comme en Orient, dans l'antiquité comme de nos jours, car elles sont à la base de toute activité individuelle ou collective. Pour cultiver et propager ces vertus, il faut faire appel à l'instruction.

Avant la guerre, les différents pays de l'Occident avaient, en matière d'instruction, adopté des politiques différentes conformes à leurs besoins. Par exemple, la Grande-Bretagne cherchait surtout à développer la connaissance des questions navales ; l'Allemagne concentrait son attention sur le perfectionnement de la formation militaire, et les Etats-Unis cherchaient à développer l'esprit d'indépendance et de liberté. Au milieu de ces divergences, il y avait cependant une politique fondamentale, à savoir, l'encouragement à l'économie et au travail. Voilà la raison pour laquelle tous ces Etats furent prospères jusqu'au moment où éclata la guerre.

C'est pourquoi dans cette période de transition entre l'ancien et le nouveau système d'instruction, notre devoir impérieux est d'inculquer dans l'esprit de nos futurs citoyens des idées d'économie et de travail, car autrement, il sera impossible de créer une Chine nouvelle meilleure que l'ancienne. Tout cela peut être fait à tous les degrés, par les maîtres et les administrateurs de nos écoles modernes. Ces idées étant très simples, elles ne doivent être ni exagérées ni embellies en vue de les faire apparaître comme des innovations. Telle est la première suggestion que nous croyons devoir faire, si nous voulons améliorer notre instruction publique.

La force d'un pays dépend moins du chiffre de la population que du degré de son développement intellectuel, en général. Depuis quelques années, il se dessine un mouvement en Europe, en Amérique et au Japon, en vue de décourager l'augmentation de la population et d'encourager l'instruction. En d'autres termes, ces pays préfèrent avoir moins d'habitants, mais ils veulent qu'ils soient mieux instruits. Ce but est bien trop éloigné pour que la Chine puisse tenter de l'approcher. Nous n'avons pas encore l'instruction générale, et nous serons satisfaits lorsque les quatre cent millions de Chinois auront tous une instruction même rudimentaire, au lieu d'en voir seulement un pour cent fréquenter les écoles. Lorsque ce but sera atteint, le gouvernement aura encore l'immense tâche de pourvoir à l'instruction des générations à venir.

D'après des calculs basés sur les recensements, la population du monde s'accroît en moyenne de un pour cent par an. Cette proportion est probablement de beaucoup inférieure à celle de l'accroissement de population en Chine, et cependant elle signifierait déjà une augmentation annuelle de quatre millions. Dans sept ans — nombre d'années consacrées à l'instruction primaire élémentaire et supérieure — il y aura vingt-huit millions d'élèves dans les écoles, et la Nation devra avoir assez d'écoles pour donner l'enseignement au moins à ce nombre d'élèves. A côté de ceux-ci, il y en a d'autres, nombreux, qui ont dépassé la limite d'âge scolaire mais qui n'ont pas même reçu une instruction rudimentaire ; ils devront aussi aller à l'école. Si nous y ajoutons ceux qui fréquentent déjà les écoles moyennes, les écoles techniques et autres institutions d'un degré supérieur, le pourcentage de la fréquentation scolaire pour tout le pays peut s'élever à douze pour cent de notre population, soit quarante-huit millions d'élèves. Tant que nous n'aurons pas ce nombre d'élèves dans nos écoles, nous ne pourrons songer à parler de prospérité nationale.

Nous devons donc, si nous voulons rendre notre pays puissant et prospère, faire tous nos efforts pour que l'instruction devienne aussi générale que possible. Bien que la voie du progrès soit hérissée de difficultés, par suite du manque d'argent, il est cependant nécessaire de les surmonter. Si nous nous efforçons de réduire l'armée trop nombreuse, de pratiquer de strictes économies et d'appliquer le programme du Ministère de l'Instruction Publique, qui prévoit la création annuelle d'écoles nouvelles, le but n'est pas impossible à atteindre. Supposons, par exemple, qu'il y ait deux cents enfants par école, avec une dépense annuelle de 1.500 dollars par école. Cela ferait cent quarante mille écoles avec vingt-huit millions d'enfants, et un total de dépenses annuelles de deux cent dix millions de dollars. Les recettes publiques du pays étant aujourd'hui inférieures à 400.000.000 de dollars, ces frais peuvent sembler prodigieux. Cependant l'instruction primaire incombe, à proprement parler, aux administrations de districts. Si donc nous répartissons ces frais entre les 1.800 districts du pays, chaque district devrait entretenir soixante-dix-sept écoles, nécessitant annuellement un peu plus de cent mille dollars. Plus tard, lorsque le système de l'autonomie locale sera convenablement organisé et que la distinction entre les taxes locales et nationales sera bien établie, cette somme pourrait être fournie par chaque district, étant donné surtout que les industries locales se seront grandement développées.

Il y a dans les autres pays beaucoup plus de sept pour cent de la population fréquentant les écoles primaires. Cependant, n'ayons pour le moment d'autre objectif que celui d'atteindre ces sept pour cent, et si, en même temps, nous créons un nombre d'écoles supérieures en rapport avec celui des écoles primaires, nous sommes certains d'obtenir, au bout d'une vingtaine d'années, des résultats qui nous surprendront. La question n'est donc pas de savoir si nous sommes ou non capables de le faire, mais si nous le voulons ou si nous ne le voulons pas. Si nous le voulons, la coopération de tous sera nécessaire pour réaliser notre but. C'est maintenant ou jamais que se présente l'occasion favorable. Unirons-nous nos efforts pour assurer le bien public ? Voilà la deuxième suggestion qui s'est présentée à notre esprit, si nous voulons étendre le champ de notre instruction nationale.

## III. — LES PROMESSES D'UNE CHINE NOUVELLE

Généralement, quand une personne n'a pas de grandes ambitions, elle fait très peu de chose dans la vie. De même, une nation qui n'a pas un idéal élevé, dégénère peu à peu. D'un autre côté, si cette ambition ou cet idéal sont mal conçus, leurs effets seront désastreux pour l'individu comme pour la nation. Ce sont là des axiomes dont l'histoire du monde a, à maintes reprises, prouvé le bien-fondé.

Voyons maintenant quelles sont les ambitions de notre pays. Avant la révolution de 1911, les gouvernements de notre pays se consacraient aux réformes à introduire dans la forme du gouvernement. Ils étaient profondément imbus des idées démocratiques de l'Occident et étaient mécontents de notre état arriéré. Leurs efforts aboutirent finalement au renversement de la Monarchie absolue et à l'établissement de la République. A ce moment, le peuple parut avoir réalisé tout son idéal. Il y eut beaucoup de laisser-aller, et un mouvement de réaction se produisit. Le sentiment qui dominait dans le peuple était que notre ambition nationale se trouvait amplement satisfaite par le succès de la Révolution, et qu'il ne restait plus rien à faire.

Avec cette réalisation de l'idéal ancien qu'aucune ambition nouvelle ne remplaçait, un désordre intellectuel commença de se faire sentir. Les anciens principes et les anciennes croyances n'avaient plus aucun empire, alors que d'autres principes et croyances n'avaient pas encore été enseignés. Les idées variaient avec les différents individus ; un groupe d'hommes jetait le discrédit sur les croyances professées par un autre. On ne voyait aucun but précis à atteindre dans l'œuvre de reconstruction, aucune règle de conduite, acceptée de tous, pour diriger leurs actions ou leurs idées. Cet état d'esprit qui a existé jusqu'à ce jour, constitue peut-être la cause principale de notre désordre intérieur.

En attendant, toutes les nations occidentales, en présence de la lourde tâche que leur impose la reconstruction nationale d'après-guerre, font tout ce qu'elles peuvent pour que les conditions du monde en général soient meilleures. Il nous est impossible de demeurer seuls indifférents et apathiques. Notre peuple doit se mettre à chérir quelque nouvelle ambition en harmonie avec les tendances générales du progrès du monde et avec les exigences de notre propre pays. C'est pourquoi nous considérons qu'il est absolument nécessaire d'esquisser certains programmes que nous devrions adopter, pour le développement de notre industrie et de notre instruction. En ce qui concerne l'industrie, notre ambition doit être de développer grandement nos ressources naturelles, de manière à satisfaire non seulement à nos propres besoins, mais encore à ceux du monde tout entier. En fait d'instruction, notre but doit être d'encourager l'économie et le travail, d'une part, pour donner à notre caractère national une base solide, et, d'autre part, pour développer l'instruction générale par la création d'un nombre suffisant d'écoles primaires. Nous espérons que ces suggestions, si modestes qu'elles soient, serviront à diriger notre peuple vers un but précis de travail et de production.

Autrefois, on jugeait la puissance d'une nation par l'importance de son armée; aujourd'hui, elle est mesurée par l'étendue de ses ressources économiques. Ce fait a été démontré amplement par la guerre récente. Bien que l'Allemagne fût réputée comme ayant la meilleure organisation de combat du monde, elle a été cependant vaincue, car sa puissance économique n'était pas égale à celle des Alliés. Toutes les guerres ne sont en réalité que des luttes pour l'existence, en d'autres termes, une lutte pour la possession des biens dont l'homme a besoin. Dès lors les nations riches en ressources matérielles disposent du pouvoir de maintenir la paix du monde et il est de leur devoir d'en faire usage. Comme la Chine est une de ces nations, il lui appartient de faire emploi de sa situation avantageuse et de contribuer ainsi à rendre la paix durable. Telle est, en conséquence, la première promesse de la nouvelle Chine.

Comme on l'a vu dans la seconde partie de ce chapitre, le mieux que nous puissions attendre de nos écoles dans un avenir prochain, c'est qu'elles parviennent à donner l'instruction à 12 % de la population totale du pays. Ce n'est pas là un idéal bien élevé. Cependant, considérant le chiffre de notre population, 12 % représentent 50.000.000 de personnes, soit la moitié de la population des Etats-Unis, la totalité de celle du Japon, et plus que la population entière de la France, de l'Italie et d'autres pays. Avec cinquante millions de citoyens instruits, la nation chinoise constituerait un des facteurs les plus importants du développement et de la prospérité du monde. La nouvelle Chine serait à même, d'accord avec les autres Puissances, de maintenir la paix du monde et de rendre celui-ci plus agréable à habiter pour les générations futures.

---

## CHAPITRE III

# Le secret d'une Paix permanente

Comme citoyens de la République de Chine, nous espérons ardemment que notre pays jouira toujours de la paix ; de même, comme citoyens de la République universelle, nous espérons ardemment que le Monde jouira toujours de la paix. Car à notre époque où les distances sont raccourcies, la prospérité de chacune de ses parties dépend de celle des autres. Grâce à la multiplicité des relations commerciales, et grâce surtout à l'usage des applications de l'électricité et de la vapeur, le monde est rendu chaque jour plus petit. Le temps des splendides isolements est passé, et si l'une des parties du monde est en danger, d'autres seront immédiatement atteintes. Dès lors, si un pays désire la paix pour lui, il doit respecter aussi la paix des autres pays. Voilà la vérité dans toute sa simplicité et dans toute sa clarté; mais il a fallu la guerre actuelle pour la proclamer en termes éclatants. Tel est l'enseignement qui remplit les âmes des nations récemment sorties de la guerre et dont nous-mêmes, en Extrême-Orient, devons spécialement nous imprégner. Nous avons dit qu'après la guerre l'Extrême-Orient deviendrait un des principaux soutiens économiques du monde, à raison de son remarquable pouvoir de fournir des matières premières et de consommer les produits manufacturés du monde. C'est donc dans ces régions que la paix devrait avant tout être sauvegardée. En même temps, par suite des nombreux éléments éventuels de désaccord en Extrême-Orient, celui-ci est un terrain propice à l'éclosion de différends internationaux, sinon de conflits ouverts.

Si donc la Chine revenait à son ancienne vie d'isolement, en excluant les étrangers et en se refusant à développer ses richesses naturelles, oubliant complètement ses devoirs envers la race humaine tout entière, alors nous serions à blâmer. Si, au contraire, la Chine vivait en termes amicaux avec le reste de l'univers, et développait ses richesses naturelles au point de satisfaire les besoins véritables du monde, tandis que d'autres nations refuseraient par égoïsme de lui prêter leur concours en toute bonne foi, ou chercheraient à entraver ses progrès par une opposition injuste, ou la harcèleraient sans cesse pour ne pas lui laisser le temps de se redresser, ou s'efforceraient de créer des sphères d'influence exclusive ou des sphères d'intérêts prédominants — tout cela dans le but de fermer les portes de la Chine au reste du monde — alors, ces nations n'auraient pas seulement à justifier leur conduite ambitieuse vis-à-vis de chaque Chinois, mais encore à donner la preuve au monde entier qu'elles ne sont pas les ennemies de toute l'humanité. La guerre vient de discréditer la politique d'agrandissement par la force militaire, mais la politique d'étranglement réciproque par des moyens économiques n'est pas un progrès. De plus, une telle arme n'est pas exclusivement entre les mains d'une seule nation. La nation qui tirera le premier coup dans une guerre économique deviendra certainement la cible pour tous les autres coups. Il est donc de l'intérêt de toutes les nations de suivre une politique de coopération économique, et d'éviter des conflits économiques. Nous devons en revenir à cette affirmation que le secret d'une paix permanente consiste, à savoir : 1° si notre politique de construction nationale pourra, à l'avenir, être poursuivie en harmonie avec les vœux et les tendances du monde en général ; 2° si les Puissances étrangères, dans leur politique à l'égard de la Chine, agiront de bonne foi, conformément aux théories qu'elles professent. Nous avons, dans l'introduction de ce livre, montré longuement qu'une politique de coopération économique est préférable à une rivalité économique. Il en est ainsi, parce que les conditions présentes du monde l'exigent. Jusqu'à présent, nos conclusions sont basées exclusivement sur l'examen des conditions économiques. Mais si nous examinons le problème au point de vue politique, social et intellectuel, nous serons encore plus convaincus qu'une coopération amicale et une protection réciproque devraient être à l'avenir les seules politiques à adopter par les civilisations occidentale et orientale. Cela est vrai pour la Chine et les autres grandes Puissances en particulier. C'est le seul chemin, et il n'y en pas d'autre, qui conduira à une paix permanente. A l'appui de notre manière de voir, nous soumettons les observations suivantes :

## I. — POINT DE VUE POLITIQUE

Les questions dites du Proche et de l'Extrême-Orient ont depuis longtemps été embarrassantes, et fait l'objet des discours des profanes. La question du Proche-Orient est maintenant réglée; les vains discoureurs commencent à s'inquiéter de ce que vont maintenant faire les Puissances à l'égard de l'Extrême-Orient. Leurs craintes à cet égard ne paraissent cependant pas très justifiées. L'Extrême-Orient ne peut pas être comparé au Proche-Orient. Les Etats Balkaniques sont sans analogie avec l'Asie orientale en ce qui concerne l'étendue du territoire, les richesses naturelles, le chiffre de la population, la stabilité de la civilisation, la diversité des intérêts et la complexité des relations internationales. Si la question des Balkans a pu entraîner une telle effusion de sang pour son règlement, quelle effusion plus grande encore provoquerait le problème de l'Extrême-Orient. Si les Puissances ont compris les leçons de la récente guerre, ainsi que nous en sommes convaincus, elles ne suivront certainement pas une ligne de conduite qui ferait naître des tragédies plus horribles encore que celles qu'on a vues. Dans ce cas, on ne peut s'attendre, de la part des Puissances, qu'à une politique harmonieuse de coopération et d'assistance mutuelle.

Les causes de la récente guerre sont multiples ; mais la principale semble résider dans le conflit d'intérêts entre la Russie, la Grande-Bretagne, et l'Allemagne dans le Levant et l'Orient moyen. La Russie avait besoin d'un débouché de la mer Noire par les Dardanelles, et c'est pourquoi elle prêcha activement la doctrine du Panslavisme dans les Balkans. L'Allemagne, de son côté, voulait s'étendre jusqu'au golfe Persique par son chemin de fer Berlin-Bagdad; c'est pourquoi elle prêcha aussi la doctrine du Pangermanisme. Dans les deux cas, que le Panslavisme ou le Pangermanisme l'emporte, l'influence de la Grande-Bretagne dans la Méditerranée et surtout dans les Indes est sérieusement menacée. Aussi, l'Angleterre veilla attentivement et prit des mesures propres à faire face à toute éventualité dangereuse. Les trois intérêts opposés se concentraient donc dans les Balkans; c'est ainsi que surgit la lutte gigantesque de ces quatre dernières années.

La péninsule des Balkans ne comprend qu'un petit territoire au sud-ouest de l'Europe et les Etats qui la composent confinent uniquement à des Etats européens; c'est pourquoi la guerre fut localisée sur ce continent. En outre, en raison de conditions géographiques et autres, la guerre sur mer se limita à des opérations irrégulières de sous-marins ; il n'y eut pas de bataille navale véritable et de grande envergure entre navires de combat et dreadnoughts. Si la question d'Extrême-Orient ne peut, malheureusement, se régler un jour que par le sort des armes, le massacre atteindra des nations de tous les continents et le théâtre des hostilités sur terre et sur mer s'étendra sur des milliers de milles. Les pertes seront incalculables. On peut ne pas se préoccuper des vaincus ; mais les guerres du vingtième siècle affaiblissent également les vainqueurs, qu'elles laissent épuisés comme les vaincus.

Ce n'est pas par plaisir que nous faisons ce tableau effrayant, au moment où la paix vient d'être rétablie. Mais, avec les déterministes, nous devons admettre que nous récolterons ce que nous aurons semé. La sagesse ne consiste pas à refuser de voir une situation périlleuse, mais à s'efforcer de la faire disparaître. Pour assurer une paix durable, nous devons commencer sans retard par lui donner une base solide. Tant mieux si nous pouvons en même temps être utiles à nous-mêmes et aux autres ; mais, si nous ne le pouvons pas, nous devons tout au moins chercher à nous être utiles, sans nuire aux autres. Car s'enrichir aux dépens d'autrui entraîne généralement la ruine de tous.

Le centre de gravité politique s'est déjà déplacé vers l'Orient, et il est grand temps que tous ceux qui ont à cœur les intérêts de leur pays prêtent la plus sérieuse attention au maintien de cet équilibre. Ils devraient s'efforcer de servir, par leurs actions, non pas les intérêts immédiats de leur pays, mais sa prospérité permanente. Nous aimons tous la paix, nous parlons de la paix et nous la préconisons ; mais il n'y aura pas de paix durable tant que nous n'aurons pas construit ses fondations solides et bien établies. Il doit y avoir une communauté dans les intérêts et une sincérité de coopération entre les nations, sinon il en résultera des conflits. Les hommes d'Etat qui savent voir loin, qui travaillent pour la prospérité de leur pays autant que pour le progrès et le bonheur de l'humanité, doivent concevoir leur politique en vue de réduire au minimum les conflits d'intérêts entre nations. A proprement parler, il n'y a pas de problème de l'Extrême-Orient, à moins que les Puissances ne le fassent naître. D'ailleurs, le problème, même à présent, n'est pas insoluble. Si les nations adoptent la politique de l'assistance mutuelle au lieu d'une politique de destruction réciproque, rien ne troublera plus la paix de l'Extrême-Orient ou l'harmonie du monde.

Nous croyons que les principaux hommes d'Etat des autres Puissances voient ce résultat aussi clairement que nous. Ayant ainsi considéré la question sous son aspect politique, nous arrivons également à la conclusion que c'est dans la coopération et non dans la rivalité que se trouve la solution nécessaire.

## II. — POINT DE VUE SOCIAL

La révolution industrielle débuta en Angleterre il y a environ 130 ans, lorsque le travail mécanique remplaça le travail des hommes. Depuis lors, les industries manufacturières ont été florissantes en Europe et en Amérique, et la classe ouvrière a pris naissance. Comme le nombre des ouvriers se chiffre par milliers, ils ne peuvent pas entrer en contact avec leurs employeurs. Tout ce que ces derniers peuvent faire est de payer les salaires convenus. Les accidents et les maladies des ouvriers n'intéressent généralement pas les patrons. Les ouvriers sont traités comme des parties de la machinerie de l'usine ou de la manufacture. L'offre de travail ne dépassant pas la demande, les salaires ne sont pas fixes et les ouvriers peuvent être congédiés à tout moment. Cette situation forme un grand contraste avec les conditions anciennes de l'industrie, lorsque tout le travail était fait par les mains de l'homme. Les capitaux étaient peu considérables et souvent le patron était son propre employé. Alors même qu'il y avait des salariés, les relations étaient cordiales et intimes, participant presque de la nature de celles qui existent entre père et fils. Les possibilités de gagner sa vie étaient moins précaires qu'aujourd'hui, et les conditions sociales étaient relativement stables. Tel étant le cas, même avant la guerre, divers Etats essayèrent d'améliorer les conditions du travail. Par exemple, des lois furent votées obligeant les patrons à fournir l'assistance médicale à leurs ouvriers, à veiller soigneusement à l'état sanitaire, à donner aux ouvriers invalides par suite d'accidents du travail, une indemnité sous forme de pension.

A ce point de vue, il y a une protection plus grande pour le travailleur ; d'autre part, les ouvriers eux-mêmes sont maintenant mieux organisés. Ils ont leurs syndicats qui veillent sur leurs intérêts et il y a des bureaux de placements qui s'efforcent de leur trouver du travail. Les conditions exactes du travail sont précisées dans les contrats, par exemple en ce qui concerne le nombre d'heures de travail, le minimum de salaire, le mode de paiement, etc. Ce contrat lie les deux parties et si le patron n'exécute pas ses engegements, ou *vice versa,* la partie lésée peut s'adresser à un tribunal ayant pouvoir de résoudre le différend.

Les difficultés de la vie sont naturellement plus ou moins grandes selon les vicissitudes des temps. Néanmoins, il est certain que malgré les efforts qu'on a faits pour améliorer la situation des ouvriers, il subsiste encore de grandes inégalités et beaucoup de mécontentement. Avec la conclusion de la paix, les ouvriers ont commencé à affirmer leurs droits, et à réclamer ce qui leur était dû. Pendant la guerre, les éléments ouvriers ont rendu des services à leur pays, comme soldats, comme contribuables, comme travailleurs de guerre, etc. Aussi, ils considèrent qu'ils ont droit à un traitement plus généreux de la part de leur pays, spécialement parce qu'ils n'ont reçu qu'un millième de ce qu'ont obtenu les patrons. Prêchant la sainteté du travail — du travail générateur de toute industrie — ils demandent aujourd'hui le partage égal des bénéfices avec les patrons, et leur participation à l'administration des entreprises elles-mêmes. L'inégalité dont ils se plaignent n'est pas imaginaire, mais réelle. C'est pourquoi la Conférence internationale du Travail de la Société des Nations a fait récemment de cette question l'objet de ses délibérations.

En d'autres termes, la guerre a rompu l'ancien équilibre industriel, et les hommes essayent de rétablir l'équilibre en le faisant reposer sur de nouvelles bases de justice et d'égalité. Les effets de la guerre sont lointains, et la plupart des nations sont atteintes par cette agitation. Cependant il semble que la Chine est relativement à l'abri de ces répercussions.

La population de la Chine étant très dense, le problème industriel n'est pas celui d'une pénurie de main-d'œuvre, mais plutôt d'une inégalité de facilités de travail. C'est pourquoi, à travers les siècles, la théorie économique en Chine a été de fournir des chances égales à tous, et quoi qu'on puisse dire des conditions modernes du travail, il vaut la peine de remarquer que la coopération entre patrons et ouvriers est plus grande et plus amicale en Chine qu'en Occident. Par exemple dans les entreprises commerciales et industrielles, le patron d'un grand établissement ou d'une grande fabrique s'occupe personnellement de l'affaire. Il parcourra les ateliers et les bureaux et notera, pour lui-même, l'efficacité de chaque travailleur, car chacun d'eux aura droit à une part des bénéfices à la fin de l'exercice. Ce bénéfice est en général réparti comme suit : soixante-dix pour cent au capital et trente pour cent au travail. A la fin de l'année les comptes peuvent être examinés par les employés, et chacun d'eux peut parler franchement, s'il a une question à poser. Il y a ainsi une coopération presque complète entre l'employeur et les employés, et naturellement tout employé travaille de son mieux à la prospérité de l'affaire ; étant intéressé à cette prospérité, il sera honnête à l'égard de son employeur. La Chine pratique ainsi depuis un certain temps un système de partage des bénéfices et d'administration conjointe du capital et du travail, alors que ces principes sont relativement nouveaux en Occident.

Considérons maintenant notre système agricole, qui repose sur des exploitations de petite étendue. Celui-ci forme un contraste frappant avec le système de l'Occident, d'après lequel de riches capitalistes monopolisent la terre. De tels monopoles entraînent toujours des injustices pour les fermiers. C'est pourquoi, pendant ces dernières décades, il y a eu une si grande tension entre propriétaires et fermiers en Europe, tension qui provoqua parfois l'effusion de sang, par exemple lors de la première révolution française, et actuellement en Russie. Et c'est également pourquoi des hommes prévoyants, en Occident, avant la guerre, cherchèrent à éviter la catastrophe en préconisant le morcellement des grandes propriétés foncières. Malheureusement la guerre vint trop tôt, et les grands propriétaires durent subir le châtiment. Partout, actuellement, les grandes propriétés sont divisées, et la malheureuse Russie subit encore les angoisses de la révolution. Le gouvernement des Soviets de Moscou est considéré comme un gouvernement du prolétariat et des paysans, parce que la révolution en Russie est née du conflit entre propriétaires et occupants du sol, et du conflit entre capitalistes et ouvriers. Néanmoins, le Monde est déjà convaincu qu'une société ne repose sur des fondations solides que lorsque les terres sont accessibles à un grand nombre d'hommes, au lieu d'être le patrimoine exclusif de quelques individus.

D'autre part, envisagez la pratique de la charité, qui de temps immémorial, a été considérée comme un des devoirs sociaux de l'homme riche. En Occident, le philanthrope qui donne abondamment aux pauvres est loué pour sa générosité, mais il n'encourt aucune réprobation publique s'il lui convient de ne rien donner. Or, en Chine, pour un homme riche, donner est considéré comme le simple accomplissement de son devoir. Il sera condamné s'il repousse un pauvre qui vient frapper à sa porte. Les exemples d'approbation ou de condamnation populaires sont nombreux dans la littérature chinoise, et la coutume de faire l'aumône aux pauvres et de venir en aide aux déshérités constitue un devoir social bien établi.

Ce code social est corroboré par le système familial chinois, car ceux qui le peuvent, doivent naturellement venir en aide à leurs parents qui sont dans le besoin. Il n'est pas douteux que cette générosité provoque parfois des abus. Elle peut, par exemple, créer des parasites de la société qui préfèrent vivre de la charité de leurs parents, plutôt que de travailler pour se suffire honnêtement à eux-mêmes. Le sentiment du respect de soi-même et d'indépendance peut en être diminué. Fréquemment des hommes riches sont si embarrassés de leurs parents parasites, qu'ils ne peuvent obtenir les grands succès qui autrement leur eussent été accessibles. Ce système retarde donc le progrès social. Cependant, au point de vue familial, la sollicitude entre parents est plus humaine qu'une indifférence stoïque à l'égard des parents pauvres. De même, au point de vue de la société en général, le système chinois est plus propre à préserver l'équilibre social, car il tend à adoucir le contraste aigu qui, sans cela, existerait entre les riches et les pauvres.

Dans cette mesure, le système chinois vaut décidément mieux que le système occidental. En Occident, l'équilibre social menace de s'écrouler malgré les efforts énergiques de l'Etat pour le maintenir à l'aide d'une législation appropriée. En Chine, cet équilibre est aussi stable que jamais, précisément parce que les hommes eux-mêmes, grâce au système familial, lui donnent le soutien nécessaire. On peut se demander si cet équilibre ne sera pas troublé lorsque la Chine de l'avenir sera, industriellement, aussi prospère que l'Occident. Les conditions du travail sont actuellement plus simples que complexes, et les relations entre le capital et le travail ont quelque chose de plus paternel que les simples relations d'affaires. Qu'arrivera-t-il lorsque le travail en Chine ressemblera à celui de l'Europe avec ses puissants « Syndicats ouvriers », et leur grande influence, pour le bien et pour le mal ? D'après nous, on peut sommairement répondre comme suit : Le Chinois a, comme qualité de race, beaucoup de sens commun. Les circonstances peuvent changer, les conditions peuvent varier, mais les traditions immémoriales et les usages ne changeront certainement pas aussi facilement. Si les traditions sociales de bienfaisance qui existent aujourd'hui viennent se greffer sur la Chine industrialisée de demain, la Chine donnera au monde le premier exemple d'un corps politique dégagé d'un amer antagonisme économique entre les classes. C'est pourquoi il n'est pas contraire aux intérêts des autres Puissances que celles-ci nous viennent en aide dans les efforts que nous faisons pour améliorer notre développement économique, lequel ne peut avoir comme résultat que de contribuer, en même temps, à leur plus grande prospérité.

D'autre part, persévérer dans une politique de spoliation, de leur part, peut éventuellement causer de grands désastres. Une domination capitaliste de l'Occident sur l'Orient travailleur renforcerait, d'un quart de la race humaine tout entière, leur prolétariat, qui forme déjà une majorité écrasante et difficile à gouverner.

On conçoit qu'une semblable situation ne fortifierait certainement pas la classe capitaliste ; elle pourrait même hâter sa chute et engendrer le chaos social. Si cela arrivait, ce serait un malheur, à la fois pour la Chine et pour l'Occident. C'est pourquoi les considérations d'ordre social nous amènent également à conclure que les Puissances devraient coopérer avec la Chine.

## III. — POINT DE VUE DE LA FORMATION INTELLECTUELLE

Parlant en termes généraux, il y a deux espèces de culture intellectuelle dans le monde, celle de l'Orient et celle de l'Occident. Chacune a ses qualités et ses défauts, et une tâche utile consiste à les fusionner en un tout harmonieux. Le besoin d'une telle harmonie, que l'on ne ressentait pas avant la guerre, n'est devenu que trop évident après la guerre. La paix future en dépend, et tous les hommes doivent employer leur énergie pour en assurer le succès.

La formation intellectuelle de l'Occident est, en grande partie, d'ordre objectif et matériel, quoi qu'elle ait aussi son côté spirituel.

Elle donne de l'importance surtout aux choses tangibles et visibles et la base du progrès réside dans l'émulation. Ainsi on dit que les échanges et le commerce, les industries et les manufactures, se développeront seulement par la concurrence. La théorie darwinienne de la survivance des plus aptes est la meilleure expression de cette mentalité. Les individus et les nations appartenant à ce type d'esprit, sont disposés à considérer que le travail effectué dans le but de gains matériels est la tâche suprême de l'existence. Toutes les idées et toute l'activité qui visent à la production industrielle et à l'expansion économique sont, en un mot, le résultat de cette école de philosophie matérialiste, qui, à son tour, engendra les conflits et la guerre mondiale en Europe. L'exactitude de cette affirmation ne peut être contestée si l'on examine avec impartialité l'histoire de l'Europe des cent ou deux cents dernières années.

La formation intellectuelle de l'Orient au contraire insiste davantage sur le côté immatériel de la civilisation, et considère que la base de l'ordre social est la domination de soi-même et la soumission réciproque. Il est attaché plus de prix à la moralité des actes qu'au succès ou au gain matériel. L'enseignement de Confucius concernant la douceur, la bonté, la considération réciproque et le respect mutuel dans les actes, caractérise bien ce type de formation. De tout temps, les savants de ce pays n'ont cessé de donner une place prépondérante, dans l'instruction, à la discipline et à l'empire sur soi-même. La sérénité, la loyauté et l'idée du devoir sont les principes qui doivent servir de guide dans la vie. Les peuples qui ont reçu une telle formation aboutissent facilement à l'harmonie sociale et à la cohésion politique, mais ils négligent les progrès pratiques et matériels de la civilisation.

Depuis le milieu du dix-neuvième siècle, les aspects les plus saillants de la civilisation occidentale se sont développés d'une façon si brillante, que lorsque l'Orient et l'Occident se trouvent en contact, les côtés faibles de la civilisation orientale deviennent plus apparents. En Orient, nous admettons la nécessité d'adopter certains éléments de la civilisation occidentale, pour le salut et le progrès général de l'humanité. Mais nous sommes d'avis que l'Occident doit, de son côté, nous emprunter quelque chose pour corriger ses défauts. Par exemple, si l'Europe et l'Amérique persistent dans la philosophie matérialiste et continuent à suivre la politique d'avant-guerre, qui consiste à réaliser des bénéfices aux dépens d'autrui, il n'est guère concevable que le monde puisse éviter une deuxième et une troisième guerres. Il est également inconcevable que cette politique puisse être modifiée sincèrement, sans adopter dans une certaine réserve la morale orientale d'abnégation et de respect mutuel. En un mot, à moins que l'Occident n'adopte la doctrine orientale sur la manière de vivre, et que l'Orient n'adopte les méthodes de l'Occident sur la manière de gagner sa vie, des rêves tels qu'une « paix permanente » et « l'égalité internationale », ne pourront jamais se réaliser. C'est pourquoi nous disons qu'une combinaison harmonieuse des civilisations de l'Orient et de l'Occident est un de nos devoirs les plus impérieux après la guerre.

Par suite des terribles ravages causés par la récente guerre, les hommes ont pris en horreur les effusions de sang. L'Occident est donc plus raisonnable et disposé à s'assimiler les principes essentiels de la civilisation orientale pour corriger ses défauts. Un mouvement en ce sens semble déjà se dessiner. Comme notre pays a été le premier de ceux qui ont créé la civilisation orientale et que, parmi les autres, il est le seul qui continue d'exister, ce que l'on appelle la *civilisation orientale*, dans le meilleur sens de l'expression, est en réalité la *civilisation chinoise*. La récente création, à l'Université de Paris, d'une section des Hautes Etudes Chinoises, ainsi que la proposition des bibliothèques américaines d'échanger des livres de littérature ancienne avec les bibliothèques chinoises, sont des preuves manifestes que l'Occident veut prendre exemple sur l'Orient. D'un autre côté, notre peuple n'est pas moins conscient de sa propre situation.

Un état d'isolement n'est plus désormais un idéal chéri par nous, et nous apprenons aussi de l'Occident à développer nos industries en vue de satisfaire nos propres besoins comme ceux des autres nations. Nous envoyons chaque année des étudiants et des missions à l'étranger pour apprendre ce qu'il y a de mieux en Europe et en Amérique. La guerre a montré, plus que jamais, à quel point l'Orient et l'Occident sont interdépendants et cette constatation a profondément frappé les deux parties. A aucun moment ne s'est présentée, d'une manière plus favorable, l'occasion de réaliser l'harmonie complète des deux types de civilisation. Etant admis que c'est là une nécessité urgente, on peut se demander qui est le mieux placé pour provoquer cette harmonie. Notre réponse est la Chine et la Chine seule ; la Chine est la civilisation orientale. C'est nécessairement à la Chine qu'incombe le devoir de faciliter cette harmonie. Nous devons greffer la civilisation occidentale sur la nôtre, car une civilisation intellectuelle et morale ne peut durer, si elle ne repose sur un développement économique suffisant. De même, nous devons répandre notre propre civilisation en Occident, car la philosophie matérialiste aurait pour résultat final de mettre en péril le monde entier, y compris notre propre pays. C'est pourquoi nous croyons que, pour des raisons de sauvegarde personnelle, ou pour des motifs d'altruisme, notre peuple accomplira très fidèlement sa mission.

Grâce à sa haute compétence et à sa grande loyauté, la Chine pourra, nous l'espérons, accomplir cette tâche méritoire, dans le temps le plus bref possible. S'il en est ainsi, ce que le monde espère de la Chine ne sera pas limité à la fourniture de matières premières, à la consommation de produits manufacturés, ou au placement de l'excédent de ses capitaux. La Chine deviendra l'une des pierres angulaires sur lesquelles sera construit l'édifice de la paix permanente du monde.

---

## CHAPITRE IV

# Nos Espoirs dans l'Avenir

Ce que nous avons dit dans tous les chapitres précédents a dû convaincre le lecteur que le secret de la paix internationale se trouve dans la Coopération Economique et dans l'Instruction. Aussi, tout ce qui contribue à favoriser celles-ci doit être encouragé; tout ce qui tend à en empêcher la réalisation doit être supprimé. Nous concluons donc notre discussion en exprimant deux ardents espoirs : l'un, concernant notre propre peuple, l'autre, nos amis étrangers.

### 1° NOTRE ESPOIR EN LA NATION

En tant que nation, notre devoir à l'égard du reste du monde est d'augmenter notre force nationale, de manière à jouer le rôle qui nous incombe en vue de maintenir la paix du monde. Mais cela exige du temps, de l'argent et de l'énergie. Par dessus tout, cela exige la coopération entière de tous les citoyens du pays. Pour cette raison, nous espérons ardemment que tous les citoyens du pays s'efforceront de cultiver le sentiment d'union nationale, le progrès individuel, le désir d'une prospérité commune et le sens de la responsabilité individuelle.

Au cours de la récente guerre en Europe, les citoyens restés à l'arrière des armées et des marines de guerre étaient tous unis comme un seul homme. Pour renforcer leurs armées combattantes et leurs marines, ils travaillaient à l'intérieur et livraient au front tout ce qui était nécessaire ; à savoir : des hommes, de l'argent et des munitions. Il n'y avait pas de distinction entre les sexes ou les classes; hommes et femmes, riches et pauvres, jeunes et vieux, soutenaient leurs braves soldats du front. Avec la continuation de la terrible lutte, les approvisionnements de matières premières, etc., devinrent insuffisants, ils se soumirent joyeusement aux restrictions imposées par leurs gouvernements, et répondirent avec empressement aux « emprunts de la Liberté ». Les emprunts fournirent des « lourds lingots d'argent », et les restrictions permirent de donner aux soldats et aux marins une meilleure alimentation. Le gouvernement prit en mains le contrôle des services publics et nomma des commissions de contrôle pour l'alimentation, le combustible, etc. La plus grande économie fut exigée, et aucun gaspillage ne fut toléré. Les enjeux étaient trop importants pour que le gouvernement permit la désunion ou l'indifférence ; c'est pourquoi tous les citoyens mirent de côté leurs querelles intestines et s'unirent dans un but de défense commune.

Voilà comment les Alliés ont gagné la guerre. Maintenant, les mêmes nations s'efforcent de rétablir leur puissance et de liquider leurs dettes de guerre, non seulement en redoublant leurs efforts de production, mais encore en laissant subsister quelques-unes des restriction du temps de guerre, dans le but d'empêcher tout gaspillage inutile, et de favoriser une plus grande efficacité du travail. Cela est possible parce que les citoyens sont unis ; car en temps de guerre comme en temps de paix, le secret du succès national est le même. Au contraire, lorsqu'il n'y a pas d'union, la nation ne peut résister. En Russie, sous le régime des Tsars, il y avait constamment des conflits entre les classes; en Autriche-Hongrie les races étaient séparées les unes des autres; la Russie a été désorganisée, l'Autriche-Hongrie a été démembrée par la sécession de nombreuses nations distinctes.

C'est là une leçon utile pour notre pays. Pendant un certain nombre d'années, la République a été divisée en deux camps rivaux et nous passons, aux yeux du monde, pour un pays déchiré par les luttes intérieures. On ne saurait laisser subsister plus longtemps un tel état de choses. Le Nord et le Sud, en effet, sont des parties inséparables de la République, et ceux que l'on veut faire battre les uns contre les autres appartiennent à la même race. Si la lutte continue, elle affectera non seulement notre nation, mais encore les autres nations du monde. Nous devrions imiter l'esprit national des pays belligérants de l'Europe et de l'Amérique, et cesser de nous battre entre nous. L'union nationale, en conséquence, est le premier but que nous devrions nous efforcer d'atteindre.

A une époque d'isolement national il était peut-être relativement peu important que la masse du peuple fut ignorante, car quelques hommes habiles pouvaient, grâce à une administration judicieuse, faire régner la paix et le bonheur dans le pays. Mais, aujourd'hui, une telle situation ne peut plus exister. Le monde devient chaque jour plus petit, et les nations sont de plus en plus dépendantes les unes des autres. En outre, nous vivons à une époque de démocratie, et, partout, hommes et femmes commencent à comprendre les rapports étroits qu'ils ont avec l'Etat. Alors que les gouvernements étaient autrefois les seuls à compter dans le conseil des nations, aujourd'hui ceux qui comptent réellement sont les peuples eux-mêmes, car ils sont les véritables souverains des nations. C'est pourquoi la prospérité ou la décadence d'un état, ainsi que le progrès ou la regression du monde en général, dépendent de l'intelligence et du caractère des peuples. Un peuple ignorant et immoral ne pourra ni fortifier son propre pays, ni jouer le rôle qui lui incombe dans le progrès du monde. En conséquence, à ces deux points de vue, le développement du caractère et de l'intelligence des individus est de grande importance, et ce n'est pas être égoïste, mais au contraire patriote par excellence, que de se consacrer à cette tâche.

Au cours des récentes anneés, notre peuple a été ou trop apathique, ou trop impatient. Nous voulons faire sans effort ce que d'autres accomplissent par un dur travail. C'est pourquoi nous avons fait peu de progrès dans le domaine de l'enseignement et de l'industrie. Nous devons commencer un nouveau chapitre de notre histoire et nous remettre à cultiver les anciennes vertus de travail et de persévérance. Sans elles, nous ne pouvons avoir aucune prospérité nationale. Sans elles nous ne pouvons élever notre niveau intellectuel, et sans elles il n'existe pas de personnalité. L'avenir de la Chine dépend de son peuple, et chacun de nous doit être conscient de l'importance du rôle qu'il aura à jouer.

De nos jours, les grandes entreprises exigent la coopération d'un grand nombre d'individus. C'est pourquoi savants, agriculteurs, manufacturiers, hommes d'affaires s'organisent pour travailler vers un but commun et favoriser certains intérêts de la communauté. Leur but ne devrait jamais être de se liguer contre d'autres organisations, ou de chercher à atteindre leurs propres buts égoïstes. Par exemple, l'organisation d'un parti politique devrait s'intéresser surtout à la politique nationale et s'abstenir de toute intervention dans le gouvernement autonome local, ou dans le commerce et l'industrie. Le gouvernement autonome est la base de toutes les formes de gouvernement, et plus il sera indépendant de la politique nationale, mieux cela vaudra pour le pays. Quant au commerce et à l'industrie, ils devraient être placés entièrement en dehors de la sphère des querelles politiques. Il n'y a rien de pire pour le développement industriel que la différence de traitement et le favoritisme dûs à une différence ou à une similitude de sympathies politiques.

De même, dans l'administration des affaires intérieures, l'esprit de parti ne devrait jamais être autorisé à s'exercer librement. Dans le choix des directeurs et des administrateurs, aussi bien que des employés et des auxiliaires, le critérium devrait toujours consister dans la capacité des personnes choisies, et non dans les relations sociales et politiques qu'elles peuvent avoir. Par dessus tout, elles ne devraient jamais se liguer pour atteindre des buts égoïstes. Au cours de ces dernières années, de nombreuses sociétés chinoises ont dû suspendre leurs opérations peu de temps après leur installation. Pendant cette période transitoire, par suite du manque d'expérience, de telles faillites sont inévitables; mais il semble que les administrateurs responsables aient aussi été coupables d'un esprit de parti et de népotisme dans le choix des employés et des auxiliaires. Un tel abus de confiance, non seulement réagit sur le caractère des individus en question, mais encore empêche de nouvelles personnes de se lancer dans la même entreprise. De cette manière, le dommage causé au progrès de notre développement commercial et industriel n'est nullement négligeable. C'est pourquoi notre peuple a besoin de cultiver l'esprit national et de se pénétrer de l'esprit de coopération dans le but de favoriser la prospérité commune.

Le devoir en vérité est un grand mot. Obéir aux lois et venir en aide aux gouvernements est un devoir envers l'Etat. S'associer, s'entr'aider, est un devoir des citoyens dans la société. Etre filial et fraternel est un devoir à l'égard des parents; le culte de la vertu et des ambitions légitimes est un devoir envers soi-même. En outre, en ce qui concerne les fonctionnaires, ils ont le devoir d'accomplir avec zèle les fonctions qui leur sont confiées. Les militaires ont le devoir de défendre le pays et de protéger le peuple. En ce qui concerne les amis, ils ont le devoir de tenir leurs promesses et d'observer la bonne foi. Pour les étudiants, ils ont le devoir d'étudier assidûment et de faire le meilleur usage de leur temps précieux. En fait, dans toutes ses relations, un homme a quelque devoir particulier à accomplir, même à l'égard des formes de créations les plus inférieures. En conséquence, toutes sortes de problèmes et de questions peuvent être inclus dans le seul mot DEVOIR.

Dans ce monde, tout homme a quelque tâche à accomplir, quelle que soit sa situation dans la vie. La tâche peut être grande ou petite, le travail peut être intellectuel ou manuel; la responsabilité reste la même, elle consiste à accomplir consciencieusement ses devoirs. Si tout individu se consacre loyalement à son travail, alors toute entreprise ou toute affaire sera assurée du succès — depuis la plus petite qui intéresse une seule personne, jusqu'à la plus grande qui intéresse l'univers entier. C'est pourquoi nos sages et nos philosophes ont dit que tout homme est responsable de la prospérité ou de la misère du monde.

Notre ancien publiciste Kuan-tsu a dit : « Savants, agriculteurs, artisans et marchands, telles sont les quatre classes du peuple. Si l'une d'elles manque, le pays ne peut exister ». Or, si nul n'accomplit ses propres fonctions, les savants ne seront pas des savants, les agriculteurs ne seront pas des agriculteurs, et de même pour les artisans et les marchands. Alors les quatre classes disparaîtront, et le pays cessera d'exister.

Aujourd'hui, les hommes parlent de droits et de privilèges. Par exemple, A empiète sur les droits de B, ou C dépouille D de ses privilèges. Or, *droit* et *devoir* sont des termes relatifs. Si nous accomplissons nos devoirs, les droits et privilèges viendront naturellement. Si les derniers ne viennent pas, nous avons la satisfaction d'avoir fait notre devoir, et cette satisfaction personnelle est une consolation qui vaut beaucoup plus que toute autre chose. Nul dans le monde ne peut voler les droits de quelqu'un qui a accompli son devoir, et cela est aussi vrai des individus que des nations. C'est pourquoi il est si essentiel de cultiver le sens de la responsabilité individuelle.

Ici, nous avons les quatre éléments que notre peuple

devrait essayer de cultiver si nous voulons construire une nouvelle Chine. A moins que nous ne nous efforcions énergiquement d'atteindre ces buts, tout ce que nous pourrons faire se réduira à néant, si progressive que puisse être notre politique nationale, et si bien étudiés que puissent être nos projets de reconstruction. Nous espérons donc que la Nation les prendra sérieusement à cœur.

## II. — NOTRE ESPOIR EN LES NATIONS AMIES

Avant d'indiquer quel est notre espoir en les nations amies, nous dirons brièvement leurs propres espoirs qu'elles fondent sur nous. Avec la cessation de la guerre en Europe, ceux qui désirent la paix dans le monde espèrent que la Chine fera des progrès rapides dans son développement politique et économique ; car si notre développement politique fait des progrès satisfaisants, nous deviendrons éventuellement les défenseurs de la paix dans l'Extrême-Orient, et de cette manière, nous détournerons le danger possible d'une grande guerre. De même, si notre développement économique progresse rapidement, les autres pays disposeront d'un grand domaine dans lequel ils pourront placer leur excédent de richesse, acheter leurs matières premières, et vendre leurs excédents de produits.

Ces espoirs ont été exprimés maintes et maintes fois dans les journaux étrangers, aussi bien en Chine qu'à l'étranger. Ils sont tout à fait raisonnables, et nullement exagérés. En même temps, il est nécessaire de ne pas perdre de vue le fait que les causes de notre situation arriérée au point de vue politique et économique sont partiellement soumises à notre contrôle, et partiellement y échappent. En ce qui concerne celles que nous pouvons contrôler, nous pouvons nous-mêmes appliqner les remèdes, mais nous devons compter sur l'amitié des autres pays pour faire disparaître les causes qui échappent à notre contrôle. Celles-ci consistent en un grand nombre d'obstacles, qui s'opposent à notre développement politique et économique: les « sphères d'intérêts », l'indemnité des Boxers, l'exterritorialité, et le tarif douanier.

a) *Sphères d'intérêts.* — D'après leur conception initiale, les doctrines de « sphères d'influence » et « sphères d'intérêts » étaient appliquées aux protectorats européens et autres possessions coloniales en Afrique. Cette doctrine n'a jamais été appliquée aux pays qui sont souverains ou indépendants. Il y a quelques années, la Chine convint avec plusieurs Puissances que certaines parties de son territoire ne seraient pas cédées ou vendues à d'autres pays. Une telle déclaration a simplement signifié une réaffirmation, de la part de la Chine, de l'intégrité du territoire chinois. Malheureusement, l'accord fut souvent mal compris, et c'est ce qui, souvent, fit parler des « sphères d'intérêts » qu'une République indépendante peut difficilement reconnaître. D'autre part, plusieurs Puissances ont convenu entre elles d'adopter certaine politique à l'égard de la Chine. Comme nous n'avons jamais été consultés en la matière, on ne saurait guère compter que nous consentions à être liés par de telles conventions.

La politique qui consiste à déterminer des sphères spéciales d'activité en faveur de différentes nations nous porte préjudice; en premier lieu, parce que la « nation favorisée », c'est-à-dire l'Etat bénéficiaire ne rencontrant aucune concurrence provenant d'autres sources, est susceptible de n'avoir pour objet que ses propres droits ou avantages et de négliger les intérêts des indigènes. C'est pourquoi, dans l'emploi des fonds, l'achat de matières premières et le recours aux techniciens dans les dites sphères, la procédure adoptée est habituellement anormale, et tend à retarder le développement convenable de l'entreprise envisagée. On peut citer de nombreux cas qui démontreront les résultats dommagables d'une telle politique d'exclusion, pour le développement indigène.

En second lieu, si une puissance possède une telle sphère, et jouit du droit exclusif de construire des chemins de fer, d'exploiter des mines, et de développer d'autres industries, elle monopolisera les privilèges économiques des localités en question, et sera diamétralement opposée aux doctrines de la « Porte Ouverte » et de l'égalité des moyens de transaction.

Troisièmement, de tels monopoles possédés par une Puissance exciteront l'envie des autres nations qui chercheront à l'imiter. Dans ce cas, on créera en Chine des intérêts opposés, et on sèmera les germes de conflits futurs. De tels monopoles sont des sources abondantes de suspicion et de querelles internationales ; ils peuvent éventuellement mettre en danger la paix du monde.

Si les nations amies veulent être loyales entre elles, elles doivent respecter les droits souverains de la Chine aussi bien que les possibilités commerciales des autres nations dans notre pays. Continuer à exiger des « sphères d'intérêt » — ou, pour être plus exact, des sphères privilégiées, — constitue une politique peu avisée ; c'est là une politique qui arrêtera notre développement économique normal et qui fera suspecter par notre peuple la bonne foi des étrangers. En conséquence, de telles prétentions devraient être immédiatement abandonnées, et grâce à cela, les Puissances, non seulement viendront insuffisant pour lui permettre de recommencer des tentatives d'une telle nature.

Les troubles des Boxers ne furent pas des actes voulus de toute la nation. Ils furent plutôt les actes de fanatiques semi-religieux, aidés par quelques fonctionnaires irresponsables. Ne se souciant guère de ce qu'ils faisaient, ils oublièrent les devoirs de la Chine à l'égard des nations amies, attaquèrent les légations étrangères amies, et même assassinèrent un plénipotentiaire étranger. Un tel crime, naturellement, est une grossière infraction au droit international, et nulle personne sensée ne le défendra. D'autre part, les actes commis furent immédiatement condamnés par le peuple chinois lui-même. C'est ainsi que, dans la Capitale, beaucoup de fonctionnaires bien avisés protestèrent courageusement contre les excès, et, dans les provinces, beaucoup d'hommes d'Etat de première importance prirent sur eux-mêmes de protéger la vie et la propriété des étrangers. Si la culpabilité des Boxers et de leurs partisans devait être supportée par toute la population, ce serait certainement un acte d'injustice pour les innocents. Beaucoup d'étrangers eux-mêmes ont admis que les excès des Boxers à l'égard des étrangers n'étaient pas sans excuses ; dans tous les cas, ils savaient que pour de tels actes, toute la nation chinoise ne devait pas être blâmée. En outre, le peuple, en général, a, depuis cette époque, appris à être plus amical et plus hospitalier à l'égard des résidents étrangers. Sachant que les excès des Boxers furent dûs à l'existence d'un grand nombre de gens pauvres et ignorants, la nation s'est efforcée d'éduquer la masse du peuple, et de développer les ressources nationales. Cela permettra d'atteindre le double but qui consiste à donner la paix au pays, et à établir solidement des relations amicales avec les pays étrangers. Malheureusement, les versements annuels qui doivent être effectués pour l'indemnité des Boxers ont été le grand obstacle qui s'est opposé à notre progrès en aide à la Chine, mais encore se protègeront elles-mêmes contre des conflits éventuels avec les autres nations.

b) *Indemnité des Boxers.* — La dette extérieure de la Chine commença en 1867, lorsque le Gouvernement central eut l'occasion de mettre fin aux troubles de sécession dans l'Ili, ou Turkestan chinois. Plus tard, il y eut des emprunts pour payer les indemnités dues à l'Angleterre, à la France ou au Japon. Il y eut en tout sept emprunts publics jusqu'à l'époque de l'agitation des Boxers; ils ne s'élevaient, dans leur totalité, qu'à

£ 50.000.000 Après l'agitation des Boxers, les Puissances imposèrent une indemnité de £ 67.000.000, équivalant à 450.000.000 de taëls Haikwan. A partir de ce cette époque, commencèrent les difficultés financières de la Chine.

Comme l'ont reconnu tous les historiens étrangers, l'énormité de l'indemnité des Boxers était partiellement voulue comme punition de la folie des Boxers. La méthode de paiement, aussi bien que la période de durée furent fixées en tenant compte des recettes annuelles du pays, qui, après déduction d'une somme suffisante pour les dépenses administratives et pour le paiement des emprunts antérieurs garantis par le revenu des douanes, devaient être consacrés à la liquidation de cette immense dette. Lorsque les emprunts antérieurs seraient graduellement remboursés, la balance annuelle pour la liquidation des Boxers devait devenir plus grande. En conséquence, il fut stipulé que le versement annuel destiné à payer cette indemnité serait de trois millions de livres sterling pour les quelques premières années, et augmenterait graduellement jusqu'à ce qu'il atteigne £ 5.250.000 en 1940, époque à laquelle la dette totale sera remboursée. L'idée qui était à la base de cet amortissement paraissait être de laisser à la Chine un revenu suffisant pour vivre pendant quarante ans, mais industriel au cours des 20 dernières années, car la trésorerie du pays se trouve ainsi mise à contribution dans une très grande mesure. C'est pourquoi si les Puissances désirent venir en aide à la Chine, elles devraient être assez généreuses pour renoncer au solde de cette lourde indemnité.

La Chine d'aujourd'hui est différente de celle d'hier, et son désir de protéger la vie et la propriété des étrangers n'est plus mise en question par les pays étrangers. Puis, les Etats-Unis ont renoncé au solde de l'indemnité des Boxers. Cet acte de générosité est grandement apprécié par nous, et le Gouvernement chinois consacre ces fonds à l'envoi d'étudiants en Amérique. L'opinion dans les autres pays, par exemple en Grande-Bretagne, en France, en Italie et au Japon, demande également que l'exemple des Etats-Unis soit suivi. Si cette admirable intention est mise à exécution, les fonds seront alors utilisés pour favoriser les progrès de l'instruction, et pour développer notre richesse naturelle. De cette manière, l'intelligence de notre peuple se développera chaque jour, et les conditions économiques du pays deviendront plus aisées. Dans ce cas, la paix de l'Extrême-Orient sera sauvegardée. D'autre part, si une telle aide ne nous est donnée, nos difficultés financières seront encore aggravées, et le développement industriel sera retardé. Les exportations de la Chine sont toujours inférieures à ses importations, et la grande différence annuelle entre les deux valeurs est au moins de 1.000 millions de dollars. Si cet état de choses persiste, notre pouvoir d'achat sera si réduit, que la Chine deviendra un très pauvre débouché pour les marchandises étrangères. Dans ce cas, le manque d'assistance réagirait au désavantage des Puissances, non moins qu'au désavantage de la Chine.

c) *L'exterritorialité.* — L'exterritorialité en Chine a commencé avec le traité commercial additionnel anglo-chinois de 1843. A cette époque, il y avait une différence considérable entre la Chine et l'Occident, et notre système judiciaire était imparfaitement organisé. D'où le système temporaire de droit d'exterritorialité en faveur des étrangers résidant dans notre pays. Au cours des récentes années, nous avons fait des efforts énergiques pour réformer notre système judiciaire d'après le modèle occidental, et bien que nous n'ayons pas réussi complétement, nous avons certainement fait un grand pas en avant. Nous espérons donc ardemment que les droits d'exterritorialité seront bientôt abolis, afin que la juridiction de la Chine soit entière et complète sur son propre territoire, et que ses lois règnent dans toute la République, et que son système de Gouvernement soit unifié.

Si l'exterritorialité était maintenue, il y aurait un « imperium in imperio » sur le territoire de la Chine. Cet exercice de l'autorité étrangère a des effets néfastes sur l'administration de la nation, l'observation de l'ordre et de la loi, et le développement économique du pays. Supposez qu'un marchand étranger de l'intérieur commette un délit. D'après les traités, les autorités locales ne peuvent que l'arrêter et le conduire à son consul le plus proche, « mais il ne peuvent pas le maltraiter ». Une telle procédure provoque de longs retards, spécialement lorsque la localité dans laquelle le délit a été commis se trouve très loin du consulat le plus proche. Si la Chine pouvait exercer une juridiction directe sur lui comme sur les commerçants chinois, on pourrait lui faire respecter les lois du pays qui sont la sauvegarde de la paix et de l'ordre. La procédure exigerait moins de temps, et cela serait aussi plus commode pour le commerçant étranger lui-même. Dans l'état actuel des choses, la plus grande partie du pays est fermée aux commerçants étrangers. Ainsi, même au point de vue des étrangers, il sera plus avantageux d'abolir les droits d'exterritorialité, car tout le pays, au lieu de quelques ports le long des côtes et des fleuves, serait ouvert au commerce extérieur et à la résidence des étrangers.

En 1902, la Grande-Bretagne convint de venir en aide à la Chine pour réformer son système judiciaire, et, en temps opportun, d'abandonner ses droits d'exterritorialité; l'année suivante, les Etats-Unis et le Japon en firent autant. Cela prouve que plusieurs pays étrangers ont déjà l'opinion que l'exterritorialité ne serait que de courte durée. En novembre 1919, cette question fut discutée par la Conférence des Chambres de Commerce Britanniques, qui eut lieu à Shanghaï. A leur avis, l'abolition de ces droits serait grandement avantageuse pour leur commerce, et pour leur résidence dans le pays ; c'est ainsi qu'ils décidèrent d'envoyer une pétition au Gouvernement britannique pour que celui-ci donnât à la Chine l'aide promise en 1902. De même un journal japonais très important de Tokio fit remarquer que l'exterritorialité devrait être abolie et que le Japon devrait insister auprès des autres puissances pour qu'elles conviennent d'une telle abolition. Car, concluait le journal, avec la continuation du régime actuel, la distance qui existe entre les ports et l'intérieur serait infranchissable, le placement de capitaux étrangers serait réduit, et le commerce international de la Chine serait enrayé.

Ayant étudié les conditions et les manières de voir à l'intérieur et à l'étranger, le Gouvernement chinois décida, l'année dernière, qu'il ne serait plus accordé de nouveaux droits d'exterritorialité à aucun nouveau pays négociant des traités avec la République. Cette attitude a été approuvée par les publicistes intelligents de tous les pays, et si, après quelques années, l'expérience est satisfaisante, nous espérons ardemment que les diverses Puissances qui, actuellement jouissent de tels droits, y renonceront. Alors l'exercice de juridiction de la Chine sur tout son territoire sera complet.

d) *Tarif douanier.* — Le tarif des douanes actuellement en vigueur a été établi à l'origine en vertu du traité Anglo-Chinois de Nankin, en 1842, et fut subséquemment modifié en 1858. Il prévoyait une taxe uniforme de 5 % *ad valorem*. Depuis lors, d'autres nations faisant du commerce avec la Chine, ont adopté le même tarif. Dans les traités ultérieurs il y eut des clauses qui prévoyaient une révision périodique des droits, mais aucune révision ne fut effectuée jusqu'en 1908 et 1918. La révision fut provoquée par l'énorme accroissement de valeur des marchandises ; c'est pourquoi les marchandises furent l'objet d'une nouvelle évaluation, mais l'ancien taux de 5 % adopté cinquante ans plus tôt, a été maintenu jusqu'à ce jour.

Or ce tarif a causé un préjudice qui n'est nullement

insignifiant aux finances du Gouvernement chinois ainsi qu'à l'économie des particuliers. Dans les autres pays, les droits de douane sont tout différents, et les marchandises à l'entrée sont soumises à des droits, d'après la catégorie à laquelle elles appartiennent. C'est-à-dire que les articles de luxe paient les droits les plus élevés, puis viennent les articles d'usage courant, et enfin les matières premières. Par exemple, en Angleterre, en Amérique, en France et en Italie, le vin et le tabac paient des droits variant entre 25 et 100 %, et le Japon perçoit un droit de 355 % sur les feuilles de tabac importées. Cependant, en Chine, la règle générale de 5 % est appliquée à toutes les marchandises, qu'elles soient des articles de luxe ou de première nécessité. En conséquence, nul encouragement n'est donné à l'entrée de matières premières ou d'outillage ; et il n'est imposé aucune restriction en ce qui concerne l'importation des articles de luxe. Les recettes annuelles provenant de cette source sont également restreintes, et nous devons recourir au système universellement exécré des impôts Li-kin pour combler le déficit.

En 1902-03, lorsque la Chine conclut de nouveaux traités de commerce avec la Grande-Bretagne, les Etats-Unis et le Japon, il fut stipulé que le système Li-kin devait être aboli, et en échange, l'assiette des droits devait être élargie de 5 % à 12 1/2 %. Mais le changement devait dépendre d'un engagement similaire de la part des autres Puissances. Malheureusement, beaucoup de Puissances n'étaient pas dispoéses à prendre cet engagement ; c'est pourquoi, jusqu'à ce jour, la réforme projetée n'a pas été mise en vigueur.

Dans ces conditions, la Chine ne peut pas obtenir le bénéfice de tarifs réciproques. Toute marchandise étrangère entrant en Chine paie un droit de 5 %, mais les marchandises chinoises qui entrent dans les ports étrangers doivent payer des droits de plusieurs fois 5 %. En conséquence, les importations dépassent toujours les exportations, ce qui grève lourdement les ressources financières du pays.

Tel étant le cas, nous espérons ardemment que les Puissances étrangères rétabliront généreusement l'autonomie douanière de notre pays. Car une telle autonomie encouragera notre développement industriel, et augmentera le pouvoir d'achat de notre peuple. Les Chinois et les étrangers en profiteront également et la paix de l'Extrême-Orient sera doublement assurée.

Il y a en outre les difficultés suivantes qui pèsent lourdement sur notre système politique et économique : les gardes de légation, les garnisons internationales, et les territoires concédés. Leur suppression ou leur rétrocession a été ardemment désirée par notre peuple, et nous espérons que les nations amies ne désillusionneront pas notre République à cet égard. Ces points furent mentionnés à la Conférence de la Paix, à Paris, par les délégués de la Chine et nous ne les discuterons pas plus longuement.

---

# CONCLUSION

En résumé, dans l'intérêt de la paix future du monde, notre peuple devrait apprendre à se rendre indépendant au point de vue économique; il pourrait alors fournir aux autres nations ce dont elles ont besoin. De même. les autres nations devraient se souvenir qu'en venant en aide à la Chine, elles s'aideront elles-mêmes.

Dans ce livre, nous nous sommes efforcés de ne parler que de généralités afin de nous faire mieux comprendre de notre peuple, et aussi de gagner la sympathie des Puissances amies. Les détails et les discussions approfondies, nous laissons aux experts et aux spécialistes du pays le soin de les fournir, grâce à leurs connaissances étendues et à l'abondance des renseignements. Alors, notre peuple sera bien éclairé, et notre Gouvernement sera en conséquence mieux guidé. Toute la nation sera alors unie dans la poursuite d'un idéal commun. Et si plus tard, une nouvelle Chine se développe, forte et prospère, malgré sa situation arriérée de l'heure présente, les efforts de tous ceux qui auront contribué directement ou indirectement à ce résultat, seront amplement récompensés.

# TABLE DES MATIÈRES

# TABLE DES MATIÈRES

## DEUXIÈME PARTIE

### Le passé et le présent de la Chine.



---

## TROISIÈME PARTIE

### La Chine de demain et le Monde.

Imprimerie Saint-Denis, Niort

www.ingramcontent.com/pod-product-compliance
Ingram Content Group UK Ltd.
Pitfield, Milton Keynes, MK11 3LW, UK
UKHW021141260726
13994UKWH00001B/239